ED YOU

D0440486

Los **10** mandamientos del

Matrimonio

EDITORIAL
UNILIT

SEPA
Spanish
Evangelical
Publishers
Association

Publicado por
Editorial Unilit
Miami, Fl. 33172
Derechos reservados

© 2004 Editorial Unilit (Spanish translation)
Primera edición 2004

Originalmente publicado en inglés por Moody Publishers con el título:
The 10 Commandments of Marriage
© 2003 por Moody Publishers, 820 N. LaSalle Blvd.,
Chicago, Illinois, 60610. Traducido con permiso.
Todos los derechos reservados.
(This book was first published in the United States by Moody Publishers with the title of
The 10 Commandments of Marriage*, by Ed Young, Copyright 2003 by Moody Publishers,*
820 N. LaSalle Blvd., Chicago, Illinois, 60610. Translated by permission.)

Traducido al español por: Adriana E. Tessore de Firpi
Fotografía de la cubierta por: DigitalVision
Fotografía interior por: Print Artist Master Clips

Las citas bíblicas se tomaron de la Santa Biblia Nueva Versión Internacional. © 1999 por
la Sociedad Bíblica Internacional; la Santa Biblia, revisión 1960 © Sociedades Bíblicas
Unidas; La Biblia en Lenguaje Sencillo © 2000 por las Sociedades Bíblicas Unidas.
Usadas con permiso.

Producto 496747
ISBN 0-7899-1158-2
Impreso en Colombia
Printed in Colombia

A mi compañera de pacto, Jo Beth.
¡Eres el amor de mi vida!

También a mis tres hijos y sus compañeras de pacto:
Ed y Lisa, Ben y Elliott, Cliff y Danielle

A mis siete nietas:
LeeBeth, Laurie, Landra, Nicole, Claire, Rachel y Susanna.
Y a mi nieto: E. J.

Contenido

PRÓLOGO

Una de las maneras más certeras de saber si Dios desea ensanchar el territorio de un pastor (1 Crónicas 4:10) es ver que el cerco está a punto de romperse debido a la superpoblación de ovejas en el rebaño. Tengo el privilegio de vivir y servir en la misma ciudad que el pastor Ed Young. Puedo dar testimonio de primera mano de que el rebaño que Dios le encomendó se ha multiplicado sin lugar a duda de manera que la cerca perimetral de su ministerio inicial, ya de por sí amplia, se vino abajo. Un segundo lugar que se abrió en Houston sirvió de gran ayuda para hacerse cargo de las necesidades de la creciente congregación. Sin embargo, ni bien terminó de abrirse este nuevo campo de pastoreo, una vez más el rebaño sobrepasó los límites.

¿Cuál es el motivo? La labor que Dios lleva a cabo a través de la enseñanza aguda, ingeniosa y pertinente que parte del púlpito del Dr. Young. Es el sencillo momento en que este hombre escribe otro libro y ofrece a un rebaño mucho mayor la ocasión para tomarse un respiro.

También conozco a su esposa, Jo Beth Young. Podrán tildarme de quisquillosa, pero acepto con mejor predisposición un mensaje cuando está apuntalado por algo real detrás de los apuntes. Me gustan aquellas personalidades conocidas que no son inadaptadas en su vida privada. Este hombre y su mensaje encajan a la perfección. Mi esposo y yo hemos tenido el privilegio de conocer al Dr. Young y a su esposa en persona. Ambos cautivaron mi corazón cuando se manifestaron más atentos con mi esposo que conmigo. No solamente tenemos un profundo respeto por el matrimonio Young, también *los apreciamos*. Así es, tanto Keith como yo hemos sido espiritualmente motivados y conmovido en el tiempo que pasamos con ellos, pero también nos hemos desternillado de la risa. *Sin obligación*. Esa es la clase de compañía que disfruto.

Podría contarles montones de cosas maravillosas acerca de los Young: cosas que he podido apreciar a la distancia y cosas de las que he sido testigo cercano. Tal vez lo más relacionado con el libro que tiene en sus manos sea decirle que llevan adelante un matrimonio formidable. Si comparte una comida con ellos, no pasará del aperitivo sin darse cuenta que Ed y Jo Beth Young están perdidamente enamorados.

Sin dudas han construido algo que surte efecto. *Los 10 Mandamientos del Matrimonio* no solo le dicen el qué, sino también el cómo. Tomaron los principios de las Escrituras y tuvieron el valor de ponerlos a prueba en el linóleo adherido a la vida promedio del planeta tierra. La Palabra obró, Dios obró y, sin errores, los Young dieron buenos resultados.

Dios ha bendecido a este pastor de Houston con un rebaño que crece más allá de la cerca. Sí, me impresionan los números porque sé que la doctrina es sólida pero estoy aun más impresionada por su conjunto de estadísticas personales: hijos, hijas políticas y nietos que han salido de su lado por el amor de Dios y han establecido sus propios campos de pastoreo donde los rebaños se amontonan para escuchar el mensaje de la Verdad, ya sea en forma hablada o cantada. El Dr. Young y yo al igual que cualquier persona que se anime a escribir un libro debemos formularnos ciertas preguntas vitales: ¿lo «comprarán» los miembros de nuestra familia? ¿Creerán lo que dice? ¿Lo confirmarán?

La familia del Dr. Ed Young ciertamente confirma y cree en lo que él escribe. También esta amiga. Y usted también puede hacerlo. Sin embargo, no se limite a comprar el libro sino recíbalo y ponga a prueba los principios bíblicos por sí mismo. Concédale a Dios un poco de tiempo y coopere con Él, entonces sus hijos también valorarán estas palabras. Dios transforma a las familias. Acéptelo de alguien que lo sabe de primera mano. Él puede sacar una vida del pozo y usar un corazón devoto para transformar a toda una familia más allá de una sola generación. *Usted* puede ser el elegido.

Me agrada sobremanera que la cerca se haya venido abajo. Este es un pastor en quien la oveja puede confiar.

BETH MOORE

PREFACIO

Durante la conferencia nacional de la Asociación Estadounidense para la Terapia Marital y Familiar, el Dr. Mark Carpol consideró una pregunta que él piensa que va al mismo punto central de la consejería matrimonial. Él sostiene que las parejas que consideran y responden esta pregunta con sinceridad durante todo el tiempo de casados, será muy raro que alguna vez necesiten terapia matrimonial, si es que llegan alguna vez a necesitarla. La pregunta que sugiere que tanto esposos como esposas se formulen es la siguiente: «¿Cómo es estar casado con alguien como yo?».

¡Es una gran pregunta! De ninguna manera es la cura mágica para todos los males matrimoniales, pero es una herramienta fantástica para ayudar a las parejas a que piensen en maneras de mejorar el matrimonio y de profundizar la intimidad. Estoy convencido de que si todas las parejas se formulan esa pregunta y la responden de manera *absolutamente sincera*, están bien encaminados en un matrimonio saludable y en crecimiento.

Cuando me pregunté cómo era estar casado con alguien como yo, tuve que contemplarme un buen rato en el espejo. Observé aspectos de mi vida que necesitaba cambiar a la vez que aumentó mi respeto y admiración por mi esposa, Jo Beth. Esto fue el puntapié inicial para que comenzara a orar y a preparar una serie de mensajes que terminaron dando origen a este libro.

Mientras preparaba estos mandamientos del matrimonio, tenía dos objetivos en mente: convencer y desafiar. En primer lugar, quiero *convencerlo* de que usted puede tener un matrimonio formidable y luego, quiero *desafiarlo* a hacer todo lo necesario para lograrlo. Estoy seguro de que al responder a la pregunta «¿Cómo es estar casado con alguien como yo?» a la luz de estos diez principios matrimoniales podrá cumplir estos objetivos.

Dicho sea de paso, cualquiera sea su situación en la vida: comprometido, recién casado, con años de casado, soltero, divorciado o viudo, estos mandamientos matrimoniales son para usted. Le brindarán la base perfecta para iniciar un nuevo matrimonio, le ayudarán a renovar un pacto hecho hace años y le ayudarán a prepararse para una relación futura.

Cada capítulo termina con una invitación: «Piense en su relación», con preguntas que le ayudarán en la aplicación de los principios. Si está casado, respondan por separado para luego cotejar juntos. Si piensa en casarse, use las preguntas a la luz de sus expectativas. Las respuestas que den usted y su futuro cónyuge a estas preguntas le servirán para ver su grado de compatibilidad. Si aún no ha hallado a la persona indicada, las respuestas que dé le servirán para poder definir mejor la clase de persona con la que le gustaría pasar el resto de su vida.

Por último, hallará un letrero antes de cada capítulo con «Un comentario personal». Es tan difícil «dejar que un libro se vaya». Cuando ya estaba en manos de la editorial, pensé: *Si pudiera sentarme con cada lector y pudiera decirle algo antes de que comenzara con la lectura de cada capítulo, ¿qué le diría?* Así fue que agregué esas opiniones personales. Son mis agregados de último minuto. Creo que resumen en pocas palabras lo que quiero que tenga en mente mientras lee cada capítulo.

Y aquí va mi primer «comentario personal» que se refiere a la introducción en la página 13: *¡No lea este libro sin antes leer la introducción! Es de enorme importancia para la comprensión de la esencia de este libro.* Es breve, pero sumamente importante.

No se va a encontrar con divagues ministeriales ni piadosos en estos consejos sobre lo que debe y no debe hacer en un pacto para toda la vida. En lugar de eso, creo que va a encontrarse con una visión del matrimonio práctica, relevante y humorística que de seguro profundizará, e incluso hasta revolucionará, la relación que tiene con su pareja. Así que, ¡disfrute de la lectura y reciba muchas bendiciones con un matrimonio tocado por la mano de Dios!

RECONOCIMIENTOS

Permítanme expresar mi reconocimiento a algunas personas muy especiales: mi equipo editorial. En primer lugar, a Steve Halliday, autor talentoso, redactor y amigo que llevó a cabo la difícil tarea de transformar mis palabras orales en expresiones escritas. Las inclusiones de ejemplos y demás material relacionado enriquecieron la presentación original de los mandamientos matrimoniales para que tuvieran la forma de este libro que hoy tiene en sus manos. He tenido el privilegio de trabajar junto a Steve en otros proyectos y puedo afirmar sin ninguna duda que «pone todo sobre la mesa». ¡Gracias, Steve!

También deseo agradecer a Wallace Henley, que aportó de su vasta experiencia en el ministerio y en el liderazgo cívico. Su comprensión acerca de lo secular y los efectos sobre lo sagrado añadió profundidad a muchos capítulos. Wallace es uno de mis socios ministeriales y ha aportado una enorme riqueza en conocimiento y sabiduría a nuestro ministerio.

Muchas gracias, también a mi asistente administrativa, Beverly Gambrell. Ella ha servido como enlace durante el proyecto y ha dedicado tiempo a corregir el manuscrito y actualizarlo con las últimas modificaciones. Sin embargo, si considero a su familia sé que ella está acostumbrada a hacerlo.

Sería negligente de mi parte si no dedicara un momento a agradecer a todos los hombres y las mujeres que han escrito excelentes publicaciones acerca del matrimonio. A lo largo de los años he acumulado una enorme riqueza de información tanto de escritores como de oradores. Por eso he incluido una lista de lecturas sugeridas al final del libro. No es de ninguna manera una lista exhaustiva, pero incluye trabajos nuevos y algunos clásicos.

Deseo agradecer también a mis «predicadores». Escucho y leo de numerosas fuentes, pero algunos de los más habituales son mis amigos Chuck Swindoll, Jerry Vines, Bill Hybels y mi propio hijo, Ed. Todo predicador necesita un predicador, y yo agradezco a estos y a innumerables otros que me inspiran y edifican. He sacado mucho de su sabiduría y consejo, por lo que les estoy infinitamente agradecido.

Por último, deseo expresar mi reconocimiento personal para los compañeros de Moody Publishers. Lo supe desde siempre, pero ahora lo sé de primera mano: Moody es «un nombre en quien puede confiar».

Introducción

DIEZ PRINCIPIOS PARA UN BUEN MATRIMONIO

El matrimonio evidencia y revela quiénes somos en realidad. Eso sucede porque desde el momento en que decimos «Sí, acepto», establecemos una relación de pacto con nuestro cónyuge. Si hablamos de negocios, las partes sellan la relación por medio de un *contrato* respaldado por la ley. En el matrimonio, son dos personas que hacen un *pacto* entre sí y con Dios. El pacto matrimonial se puede ilustrar con un triángulo equilátero. Dios está en el vértice superior mientras el esposo y la esposa ocupan los otros dos de la base. Cuanto más se acerquen los cónyuges a Dios, más se acercarán también entre sí. El resultado de una relación de pacto es un matrimonio pleno y dinámico.

Cada vez que le tomo la promesa a una pareja de que se amen y se entreguen el uno al otro hasta que la muerte los separe, les estoy pidiendo que acepten ciertos mandamientos o principios que garantizan un buen matrimonio. No obstante, así como en los Diez Mandamientos que Dios le diera a Moisés en el monte Sinaí, estos Diez Mandamientos del Matrimonio no se pueden cumplir sin una transformación espiritual.

El apóstol Pablo enseña que los Diez Mandamientos de Dios sirven como herramienta de diagnóstico. Como si fueran instrumentos en manos de un médico habilidoso, estas leyes examinan y prueban nuestras vidas, y revelan la enfermedad genética del pecado. En efecto, la Ley nos condena y nos trae la tremenda noticia de que estamos lejos de poder cumplir con los requisitos santos de Dios. Esta verdad tan terrible debiera hacernos caer de rodillas y alzar nuestros ojos al cielo en busca de una respuesta a semejante dilema. Una respuesta en forma de cura santa que solo puede provenir del Gran Médico.

¿De qué tipo de cura hablamos? «Si confesamos nuestros pecados, Dios, que es fiel y justo, nos los perdonará y nos limpiará de toda maldad» (1 Juan 1:9). Cuando confesamos nuestros pecados y nos arrepentimos, damos un giro de 180 grados y le damos la espalda a nuestro estilo de vida pecaminoso. El Señor Jesucristo toma nuestro pecado y nos da su rectitud a cambio. ¡Eso es lo que se llama una transformación divina y espiritual!

Dallas Willard, en su libro *Renovation of the Heart* [Renovación del corazón], escribió: «La renovación espiritual y la espiritualidad que proviene de Jesús no es ni más ni menos que la vida sobrenatural que viene de lo alto que invade la realidad natural del hombre». Ese don sobrenatural transforma nuestro espíritu y comienza la obra de hacernos conforme a la imagen de Cristo (Romanos 8:29).

La voluntad de Dios para toda persona es que Cristo «sea formado» en ella (Gálatas 4:19). A medida que aumenta nuestra intimidad con el Señor, el Espíritu Santo nos revela a cada momento cuáles son los aspectos que no armonizan con Cristo y nos da el poder necesario para que lo resolvamos. A ese proceso, a menudo penoso, se lo conoce como *santificación*.

En el pacto matrimonial debe haber una transformación. A medida que nuestro pecado o deficiencia se diagnostica a la luz de los mandamientos del matrimonio, confesamos nuestro pecado y recibimos la cura de Cristo. Luego pasamos al tratamiento de transformación que produce el Espíritu Santo.

Por supuesto, Dios no dio estos Diez Mandamientos del Matrimonio en el monte Sinaí. Ni tampoco los hallará así enumerados en la Biblia. Sin embargo, todos están presentes en las páginas de las Escrituras. Se trata de diez principios bíblicos que donde mejor se manifiestan es en la intimidad del matrimonio. Por ejemplo, una persona soltera puede que no se dé cuenta de su egoísmo o de su forma deficiente de comunicarse. En cambio, cuando vivimos con alguien que conoce nuestros defectos y nos ama pese a todo, nuestra deficiencia en cuanto al egoísmo, el enojo, la comunicación o el perdón saldrán a la luz.

Al igual que los Diez Mandamientos dados a Moisés, estos Diez Mandamientos del Matrimonio servirán para diagnosticar, probar y revelar los aspectos poco saludables de la relación marital. Así que, lea los capítulos que siguen, estos «mandamientos» y permita que el Espíritu Santo haga su obra.

UN COMENTARIO PERSONAL

No seas un cerdo egoísta

Para quienes estén familiarizados con la definición bíblica del amor, este capítulo será como una reseña de algo ya conocido. Sin embargo, sea una revisión o sea un concepto nuevo, es el fundamento necesario para comprender el amor que sirve de base al matrimonio: un amor opuesto por completo al egoísmo.

—E. Y.

Mandamiento 1

NO SEAS UN CERDO EGOÍSTA

iento cuarenta y dos. Esa fue la cantidad de ceremonias de casamiento que se registraron en nuestra iglesia durante el año pasado. Si bien no presidí las 142 bodas, como pastor con más de 40 años de experiencia he «ido ante el altar» más veces de las que puedo enumerar. Aún albergo recuerdos imborrables de muchas ceremonias, algunos emotivos y otros risueños. No obstante, en medio de las sonrisas, risas y lágrimas de alegría que acompañan a la mayoría de las bodas, ocurre algo sumamente importante.

Cuando presido un casamiento, le pido a la pareja que prometa frente a Dios, a sus familiares y amigos, y ante mí que se van a amar y a respetar. También les pido que prometan honrarse y apoyarse en tiempos de salud y de enfermedad, de riqueza y de pobreza. Les indico que deben poner en primer lugar las necesidades del otro, aun antes que las propias o las de cualquier otra persona, con excepción de las de Dios.

Estas promesas solemnes constituyen los votos matrimoniales. Hasta ahora todos los novios que han estado frente a mí han respondido con sinceridad: *¡Sí, acepto!* Sin embargo, en ocasiones me pregunto si habrán comprendido lo que prometieron al intercambiar los votos. Cuando pido a la pareja que haga esta promesa, en realidad los estoy desafiando a adoptar diez principios bíblicos que, si los aplican, harán que su matrimonio no solo sobreviva, sino que prospere. La tarea implica un compromiso, un trabajo consciente además de numerosas concesiones, pero tanto ellos como usted pueden tener un matrimonio fabuloso.

Ese es el tipo de matrimonio que Dios desea que tengamos. Después de todo, Él ideó el matrimonio. Dios tiene un propósito divino, un plan para las relaciones entre los esposos y, como todos sus planes, es perfecto.

EL PLAN PERFECTO DE DIOS

Dios presidió la primera ceremonia matrimonial. Se trató de un casamiento en un jardín hermoso y perfecto en un día igualmente perfecto entre un hombre y una mujer que también eran perfectos. Adán y Eva lo tenían todo.

¡Imagíneselo! Adán podía decir con sinceridad a Eva: «Para mí, eres la *única* mujer que existe». Y él jamás tendría que escuchar las tan inquietantes palabras: «Te voy a contar acerca de un joven con el que me *podría* haber casado».

La primera pareja disfrutó de unas relaciones de amor perfecto, la clase de amor que Dios quiso que el hombre y la mujer disfrutaran por el resto de sus vidas. Adán y Eva vivieron durante cierto tiempo en la perfección, sin pecado. Disfrutaban de un jardín impecable en el que recibían la visita de Dios quien caminaba junto a ellos en los frescos atardeceres. Ni un atisbo de pecado o imperfección opacaba el cuadro tan perfecto. La Biblia narra que Adán y Eva estaban desnudos pero que no sentían vergüenza (Génesis 2:25). Y esa desnudez trascendía el mero sentido físico ya que convivían con total transparencia entre ellos y con Dios.

Dios había prometido grandes bendiciones a esta primera pareja y les había dado pleno acceso a todo el jardín, con una sola condición. «Todo el jardín te pertenece —dijo Dios a Adán— y puedes comer el fruto de todos los árboles y plantas con excepción de uno. He dispuesto un árbol en el medio del jardín del cual *no* debes comer. Si comes de ese árbol obtendrás el conocimiento del bien y del mal, y no eres capaz de tolerar semejante carga. Por lo tanto, si comes de ese árbol, morirás» (vv. 16-17, paráfrasis del autor).

EL PLAN PERFECTO DE DIOS ES ARRUINADO

Tanto Adán como Eva conocían las consecuencias de la desobediencia. Eran plenamente conscientes de que Dios les había prohibido comer de ese único árbol. Sin embargo, el enemigo hizo uso de un lenguaje cargado de engaño y egoísmo que atrajo y tentó a Eva.

«¿Es verdad que Dios les dijo que no comieran de ningún árbol del jardín? [dijo la serpiente] ... ¡No es cierto, no van a morir! Dios sabe muy bien que, cuando coman de ese árbol, se les abrirán los ojos y llegarán a ser como Dios, conocedores del bien y del mal» (3:1,4-5).

Todos conocemos el resto de la historia. Adán y Eva comieron del árbol prohibido y a causa de su desobediencia cayó sobre toda la humanidad una maldición divina, hecho que ocasionó la tragedia definitiva de la historia del hombre. El pecado y el egoísmo mancharon nuestra existencia para siempre a partir de aquel día. Fue en ese momento cuando perdimos la comunión perfecta con Dios, aquella que Dios había planeado para nosotros. Fue un instante a partir del cual toda relación humana que mantengamos, incluso el matrimonio, se halla signada por la maldición divina.

PRIMERA PELEA MATRIMONIAL DE LA HISTORIA

Esta trágica cadena de eventos dio lugar a la primera pelea matrimonial de la historia, inducida por el egoísmo. Cuando Dios confrontó a Adán por su pecado, este último acusó a su esposa: «La mujer que *me diste* por compañera me dio de ese fruto, y yo lo comí» (v. 12, cursivas agregadas). Cuando Dios fue a

Eva para conocer la otra versión de lo sucedido, no obtuvo una respuesta demasiado diferente. Ella maldijo el entorno y las circunstancias. «Dios, no puedes hacerme responsable por esto. La serpiente me engañó. ¡Maldícela *a ella*!»

Toda esta sórdida escena refleja una imagen horrible pero sumamente vívida del egoísmo en acción. Revela a dos personas que ceden ante la tentación, pecan contra Dios y entre sí, y que luego se cubren. Todo en un intento por evitar la aceptación de la culpa y las consecuencias de su pecado. El esposo culpó a Dios y a su esposa, mientras que la mujer culpó a las circunstancias.

¿Le resulta conocido?

Como consecuencia, la maravillosa relación matrimonial que Dios había diseñado como una unión perfecta que beneficiara tanto al hombre como a la mujer y que lo glorificara a Él, fracasó al caer en un amargo intercambio de acusaciones y recriminaciones.

A partir de entonces, las cosas no volvieron a ser igual.

EL PROBLEMA NÚMERO UNO DEL MATRIMONIO

El primer mandamiento que mencionamos tiene que ver con el problema número uno del matrimonio, un contratiempo que surgió en el jardín del Edén con Adán y Eva. Desde entonces lo hemos visto todo el tiempo hasta nuestros días. Sigue siendo el problema principal en su matrimonio y en el mío. ¿De qué se trata?

¡Del *egoísmo*!

Todos padecemos el pecado del egoísmo que subyace en el centro de casi todo problema de pareja. El consejero matrimonial Williard F. Harley (hijo) escribió:

Los que intentamos salvar matrimonios luchamos cada día con creencias culturales y prácticas que dificultan nuestra tarea. El repentino surgimiento de divorcios durante la década del 70, que convirtió a los Estados Unidos en el país con mayor tasa de divorcios, tiene mucho que ver con los cambios producidos en las creencias básicas. *Más precisamente, tiene que ver con un aumento considerable del egocentrismo.* Las creencias que alientan el egocentrismo destruyen el matrimonio[1].

Estoy por completo de acuerdo con el Dr. Harley. Y por eso nuestro primer mandamiento del matrimonio enuncia: *No seas un cerdo egoísta.*

Es así de simple y de categórico. Estoy por completo convencido de que si todas las parejas que se encaminan hacia el altar tomaran con seriedad este único principio, un verdadero oasis de felicidad conyugal recorrería toda la región. Los abogados especializados en divorcios tendrían que hacer fila en las agencias de empleos. Creo que voy a incorporar estas palabras en las ceremonias nupciales: «No seas un cerdo egoísta».

Este primer mandamiento nos manda hacer en el matrimonio lo que el apóstol Pablo nos ha enseñado: «No hagan nada por egoísmo o vanidad; más bien, con humildad consideren a los demás como superiores a ustedes mismos» (Filipenses 2:3). Parece sencillo, ¿no? Sin embargo, nuestro problema número uno, el egoísmo, complica las cosas.

Es probable que podamos avanzar en la incorporación de este mandamiento en nuestro matrimonio si vemos al egoísmo como una enfermedad.

ESA ENFERMEDAD LLAMADA CHIQUERITIS

Me agrada referirme a la enfermedad del egoísmo como *chiqueritis*. Si alguna vez ha visto un chiquero, sabrá a qué me refiero. Pude ver un chiquero por primera vez cuando era un muchacho. Me había imaginado un corral lleno de preciosos cerditos como Porky, pero era algo totalmente opuesto. El chiquero estaba plagado de unas bestias gordas que se revolcaban en la inmundicia con el hocico lleno de barro. Esos cerdos se perdían en el fango e incluso sacaban a empujones a los que se les acercaban, ¡aun a sus propias crías!

No hace falta ser una eminencia en medicina para diagnosticar *chiqueritis*. Cuando vemos a alguien que tiene el hocico metido en sus propias cosas y se olvida del resto del mundo, estamos frente a una persona infectada con esta enfermedad.

Me pregunto si usted tendrá *chiqueritis*...

SÍNTOMAS DE LA CHIQUERITIS

Si no está seguro de si la padece, preste atención a los síntomas. La mayoría de las enfermedades revelan síntomas físicos que son visibles. La *chiqueritis* egoísta no es diferente al resto, por lo que los síntomas son tan visibles como los de la varicela.

Si considera los síntomas que se enumeran a continuación podrá hacer un «autodiagnóstico». Pregúntese en qué grado lo ha afectado cada síntoma de la *chiqueritis*. A fin de recordarlos con mayor facilidad, usaremos el sufijo «itis» de *chiqueritis* como si fuera un acróstico. Los cuatro síntomas son: inmadurez, mal uso del tiempo, insensibilidad y terquedad.

Inmadurez

Jo Beth y yo fuimos novios durante más de seis años. En retrospectiva, puedo afirmar que sea lo que fuere que sentíamos el uno por el otro cuando nos casamos, tenía más que ver con un amor adolescente que con el genuino amor maduro. Necesitábamos crecer.

Luego de cuarenta y tres años... ¡seguimos creciendo!

¿A qué me refiero cuando hablo de «amor adolescente»? El amor adolescente es una manifestación inmadura del amor que une a dos personas. Cuando sentimos un «amor adolescente» deseamos estar con esa persona por la manera en que nos hace sentir. En ese tipo de relación, nuestras necesidades emocionales y físicas ocupan el primer lugar. Como los cerdos en el chiquero, echamos a codazos a todo el que no nos gratifique o no satisfaga nuestras necesidades.

Muchos comenzamos la vida marital con un amor adolescente y no hay nada de malo en eso. Puede ser divertido y llegamos a disfrutarlo. Sin embargo, a menos que ese amor adolescente crezca para convertirse en un amor maduro, el matrimonio no sobrevivirá a las luchas y los momentos difíciles. Si uno construye las relaciones matrimoniales sobre un amor adolescente, esas relaciones «adolecerán» de muchas cosas.

Analicemos las diferencias entre el amor adolescente y el amor maduro en el cuadro que sigue:

AMOR ADOLESCENTE Y AMOR MADURO

AMOR ADOLESCENTE	AMOR MADURO
• Se concentra en recibir	• Procura dar a la otra persona
• Es impaciente y egocéntrico	• Es paciente a pesar de los defectos del otro
• Manifiesta arrebatos de ira	• Responde con amabilidad y de la manera adecuada a los irritantes
• Es autoprotector porque provee para sus propias necesidades por encima de todo	• Es transparente y vulnerable

La solución para el problema del amor adolescente es la madurez y eso significa vivir como *sabios* el uno con el otro, como lo expresa Pablo en Efesios 5:15. Debemos vivir y llevar adelante nuestro matrimonio como hombres y mujeres maduros en Cristo. Es lamentable que muchos de nosotros no salgamos de la inmadurez tanto en el matrimonio como en la vida espiritual. Jesús nos dice que seamos *como* niños, no que seamos infantiles.

Tanto sociólogos como psicólogos concuerdan en que padecemos una crisis de paternidad, en parte porque muchos hombres se niegan a abandonar la adolescencia. El cuerpo envejece, pero piensan como niños inmaduros.

Los hombres, así como las mujeres también, experimentan de continuo nuevas maneras de satisfacer sus deseos. Sin embargo, hasta el más inmaduro puede adquirir sabiduría al estudiar y adoptar los principios divinos.

Jo Beth y yo teníamos mucho por hacer para crecer cuando nos casamos. Si bien ya somos abuelos, aún seguimos creciendo como personas y en nuestras relaciones. Puedo asegurar que el crecer y madurar juntos hace que la vida sea mucho más agradable y provechosa que en aquellos días de amor adolescente.

Selección de actividades

Esto está relacionado con el uso que hagamos del *tiempo*. El apóstol Pablo nos habla de «aprovechar» bien el tiempo (Efesios 5:16). Eso quiere decir que tenemos que hacer el mejor uso que podamos del tiempo.

Me encanta jugar al golf. De ahí que, cada vez que puedo, voy al campo de golf a jugar o por lo menos a dar unos golpes. Conocí a un hombre que siempre que llego, está practicando. Con excepción de alguna rara vez en que él llega cuando yo ya estoy allí, por lo general parece dedicar mucho tiempo a la práctica del golf. Da la impresión de que cuando llego ya está allí y cuando me voy, sigue todavía allí. Debe de practicar cientos de golpes con la pelota por día.

No puedo evitar el preguntarme acerca del uso del tiempo de este hombre. ¿Dejará abandonados a una esposa e hijos en el hogar, a la espera de que el esposo y padre regrese de jugar al golf?

Hace poco, un hombre me comentó: «Tengo una tremenda lucha con el egoísmo en mi matrimonio en cuanto al uso del tiempo libre. Amo los deportes y podría pasar horas viendo deportes por televisión. Durante varios años de mi matrimonio pasé varias noches viendo el canal de deportes en vez de pasarlas con mi esposa».

Como este joven esposo no quería ser un cerdo egoísta, tomó una decisión drástica: canceló la cuenta de televisión por cable,

No seas un cerdo egoísta

y dice que fue una de las mejores decisiones que tomó por el bien de su matrimonio. ¿Cuánto tiempo podríamos ganar los hombres para disfrutar de un buen momento con nuestra esposa si decidiéramos apagar el televisor? Debo confesar que me encanta pasar de un canal a otro, en especial cuando transmiten deportes y noticias. Sin embargo, estoy convencido de que si apagamos el televisor disfrutaremos de un gozo aun mayor al incrementar la intimidad con nuestra esposa.

Es sencillo dedicar tiempo a nuestra carrera, a un pasatiempo o a alguna actividad autogratificante a expensas de nuestro matrimonio. Podría enumerar una larga lista de personas que han visto su matrimonio resentido porque uno o ambos cónyuges estaban «demasiado ocupados» como para dedicar tiempo a sus relaciones. Parecía que habitaban mundos separados e independientes. Vivían juntos pero jamás tenían tiempo el uno para el otro. Lo mejor que uno podía obtener del otro eran las «sobras». Si hablamos de comida, las sobras pueden alimentarnos, pero las sobras de tiempo hacen que las relaciones sean insípidas.

Insensibilidad

«Si hubiera sabido lo insensible que era, ¡jamás me hubiera casado con él!» He escuchado esta queja por parte de esposas insatisfechas más veces de las que puedo contar. Me identifico con los sentimientos que desencadenan esas palabras tan duras. Con frecuencia parten de una esposa frustrada que siente que no la tienen en cuenta, que el esposo no se ocupa de sus necesidades, de lo que siente o de lo que piensa.

La falta de sensibilidad puede destruir un matrimonio así como puede destruir cualquier tipo de relación. Es difícil convivir, trabajar o asociarse con una persona insensible. A nadie le gusta perder el tiempo con alguien que no escucha o que no tiene ningún tipo de consideración para con los sentimientos o pensamientos de los demás.

En Efesios 5:17, Pablo brinda un modelo de cómo es la sensibilidad: «Por tanto, no sean insensatos, sino entiendan cuál es la voluntad del Señor». En este versículo resaltan dos palabras que contrastan entre sí: *insensatos* y *entiendan*. Aquí se nos dice que la insensatez va de la mano de la falta de entendimiento.

El entendimiento depende de la sensibilidad. La necesitamos para relacionarnos con Dios y con las demás personas, en especial con nuestro cónyuge. La sensibilidad quiere decir que procuremos entender lo que el otro piensa, siente o necesita.

Observemos por un momento lo que sería este tipo de sensibilidad en acción. Marcos y Laura llevan diez años de casados. Marcos es propietario de un pequeño negocio de venta de artículos deportivos que le da grandes satisfacciones y un buen ingreso. Mucho antes de conocer a Marcos, Laura había descubierto su vocación por la pintura al óleo. Durante años desarrolló esa pasión hasta convertirla en un negocio que le proveía un ingreso interesante.

Fue entonces cuando llegaron tres hijos en cuatro años. A medida que se multiplicaban los pañales para cambiar y las sillitas de comer alrededor de la mesa, el tiempo que Laura dedicaba a la pintura se esfumó. Como pareja, habían decidido que Marcos fuera el «proveedor del pan» y que Laura se encargara de organizar el hogar. Sin embargo, esta agobiada mamá pronto descubrió que la pintura le daba a su vida una pincelada de creatividad que era muy bienvenida y ayudaba a equilibrar un poco su día. Las agotadoras demandas hogareñas le dejaban cada vez menos oportunidad de pintar.

Marcos se dio cuenta de la necesidad que Laura tenía de expresar su vena artística y luego de pensarlo con cuidado, decidió dejar algunos clientes para ayudar a que su esposa siguiera con su carrera artística. Laura asiste a una pequeña galería de arte que le brinda un refrescante respiro en su rutina.

¿Y qué hace Marcos? Se ocupa de los niños y de las tareas de la casa los martes y jueves por la mañana, y los sábados por la tarde. Gracias a la sensibilidad por las necesidades de su esposa y a su elección de actuar de manera desinteresada, Marcos descubrió algo valioso en su vida. Si hubiera elegido comportarse como un cerdo egoísta, le hubiera negado a su esposa una gran alegría, que también se hubiera negado a sí mismo.

Formúlese un par de preguntas. Como esposa, ¿es sensible para con su marido cuando se halla bajo presión en el trabajo? Como esposo, ¿es sensible para con su esposa cuando tiene problemas con el jefe o con los niños? ¿Son sensibles el uno con el otro cuando están fuera de sí?

La insensibilidad es un síntoma clásico de la *chiqueritis*. Nos hace ser necios y nuestro matrimonio sufre las consecuencias.

Terquedad

Pareciera que el síntoma más apropiado de la *chiqueritis* fuera la terquedad, también conocida como obstinación o testarudez. Donde vemos la terquedad con mayor facilidad en el matrimonio es en el área de la sumisión. Pablo devela este problema en Efesios 5:22 donde expresa que las esposas deben someterse a los esposos como ellos deben someterse al Señor.

Algunos maridos creen que este versículo los pone «al mando» y más allá del conflicto o malentendido que se produzca, se hace lo que *ellos* dicen. Sin embargo, hay un problema: ¡eso *no* es lo que expresa el versículo!

Justo antes de que el apóstol diga que las esposas deben someterse a sus esposos, indica que todos los cristianos deben someterse los unos a los otros motivados por la reverencia a Cristo. Todos debemos dejar de lado la terquedad que caracteriza nuestra naturaleza caída y tener en cuenta las necesidades de los demás. En ocasiones, esto incluye la sumisión de los esposos a las esposas.

Hace algunos años, Roberto y Beatriz pusieron en práctica algo que revolucionó su matrimonio. Se preguntaron mutuamente: ¿Qué significa para ti la expresión «te amo»? Se comprometieron a actuar según la respuesta obtenida y de esa forma hallaron la clave de la *mutua sumisión*.

Iniciaron esta práctica poco tiempo después de haberse casado. Beatriz creía que lo que más deseaba Roberto era encontrar la casa impecable al regresar del trabajo. Entonces, todas las tardes antes de que él regresara, ella corría por la casa como si fuera un torbellino mientras limpiaba todo a su paso. Recibía a Roberto y lo seguía por la casa en espera de algún halago o reconocimiento por su impecable trabajo. Sin embargo, eso no ocurría. Es de comprender que ella comenzara a albergar resentimiento contra Roberto por su falta de consideración y le diagnosticó un agudo caso de *chiqueritis*.

Un día, no aguantó más y con furia en los ojos, le planteó a su esposo el problema. Luego de conversar, se enteró de que en realidad a Roberto no le interesaba demasiado que la casa estuviera limpia a su llegada. En realidad, le interesaba más saber qué había para cenar. Tampoco esperaba que la cena estuviera lista, si por él fuera, podían pedir una pizza a domicilio. Para Roberto, «te amo» no era una casa limpia sino una esposa feliz con planes para la cena.

¡Qué descubrimiento, y qué alivio, para Beatriz! De allí en lo adelante, Roberto y Beatriz comenzaron a preguntarse: «¿Qué significa para ti la expresión "te amo"?».

No existe matrimonio mejor ni más armonioso que aquel en que ambos cónyuges se someten el uno al otro así como al Señor. Esto no significa que jamás vaya a producirse un desacuerdo o un conflicto. Lo que sí sucede es que al final reina la paz en el matrimonio porque tanto el esposo como la esposa deciden poner al otro primero en todas las decisiones que toman.

DIAGNÓSTICO Y TRATAMIENTO DE LA CHIQUERITIS

Hay que mirarse al espejo y preguntarse: ¿Padezco de *chiqueritis*? ¿Se encuentra reflejado en uno o varios de los síntomas mencionados: inmadurez, insensibilidad o terquedad? ¿Suele hacer un mal uso del tiempo o selecciona mal las actividades o intereses personales? ¿Deja las sobras a su cónyuge? Si ha respondido de manera afirmativa a alguna de estas preguntas, sufre de *chiqueritis*.

A decir verdad, la mayoría de las personas la padece.

La *chiqueritis* egoísta ha atacado tan fuerte a algunos matrimonios que las relaciones entre ellos necesitan una unidad de cuidados intensivos. La unión está anémica y han perdido la pasión, la diversión y la efectividad en Dios que supieron tener. Se sienten aburridos e insatisfechos en el matrimonio, están entumecidos e insensibles el uno para con el otro.

En cierto sentido, esas son buenas noticias. Si ha reconocido ese problema en su matrimonio, ha dado un paso gigantesco en pro del cambio positivo. Requerirá de un gran esfuerzo y de perseverancia, pero la recuperación de la *chiqueritis* egoísta es *posible*.

Para hacerlo, le recomiendo que consiga un poco de PEP (otro simpático acróstico). El tratamiento de la *chiqueritis* incluye tres ingredientes: *prioridades, expectativas y patrones.*

Prioridades

Estar en sintonía. Ese es el primer ingrediente en el tratamiento de la *chiqueritis* egoísta. Muchos matrimonios marchan durante décadas sin pronunciar una sola palabra acerca de sus prioridades personales y mutuas. Cuando dos personas no trabajan por los mismos objetivos que sean de importancia para ambos, enseguida aparece el egoísmo. Y es bien probable que las metas de uno sean las dominantes.

¿Cuál es la clave para estar en sintonía? Establecer las prioridades *juntos*. Confeccione una lista de prioridades personales en asuntos tales como amistad, trabajo, iglesia, dinero, vacaciones e hijos. Cuando cada uno ha confeccionado su lista, compárenlas. Descubran en qué cosas coinciden y en cuáles difieren. Entonces, siéntense a conversar acerca de esas diferencias. Recuerde que si el objetivo es estar en sintonía, será necesario que se hagan concesiones mutuas.

¿Quiere saber de qué manera práctica y divertida pueden hacerlo? Vayan a un retiro los dos solos: usted y su pareja. No necesitan ir demasiado lejos ni gastar mucho dinero. Salgan por un par de días y vayan a algún sitio especial para ambos donde puedan elaborar este tema de las prioridades. ¡Y aprovechen para disfrutar de la compañía mutua!

Expectativas

Nuestro perro, Sonny, tuvo garrapatas. ¿Ha observado alguna vez a estos pequeños succionadores? Eso es lo que realmente son. Las garrapatas sobreviven gracias a la sangre que succionan del animal en el que se hallan. Debo decir que Sonny era un *gran* «alberga garrapatas». Le pusimos un collar y un garrapaticida para eliminar a estos molestos parásitos que de una u otra manera, se volvían a pegar a Sonny en busca de un festín. Esa avidez por alimentarse hacía que las garrapatas aumentaran varias veces su tamaño normal. Más de una garrapata pasó su vida alimentándose de nuestro perro.

¿Qué relación hay entre las garrapatas de Sonny y el matrimonio? Todas las parejas que llegan ante el altar tienen su conjunto de expectativas personales. Cada vez que me toca estar frente a una pareja de novios, tengo la increíble capacidad de poder leerles la mente. Mientras los observo cómo se miran a los ojos, sé que *ambos* piensan: *Esta persona va a satisfacer todas mis necesidades.*

Y ahí comienzan todos los problemas.

A eso lo llamo relaciones de «garrapata y perro». El problema es que muchos matrimonios tenemos *¡dos garrapatas y ningún perro!* Ninguno ve sus necesidades satisfechas y ambos intentan alimentarse del otro.

Por supuesto que es normal tener ciertas expectativas del cónyuge y del matrimonio. Eso es parte de la promesa del «sí, acepto». Sin embargo es vital que cada uno comunique al otro sus expectativas. Por esa razón el segundo ingrediente en el tratamiento de la *chiqueritis* es *definir las expectativas*.

La mayoría se equivoca en esto. Sondeamos a los matrimonios que conocemos y llegamos a la siguiente conclusión: *Así debe ser un buen matrimonio*. Puede que observe las relaciones de sus padres o la de otros matrimonios que conoce, sobre los que ha leído o visto en la televisión y sobre la base de esa información intente determinar cómo debe ser un matrimonio. Este método viciado para entender las expectativas en el matrimonio puede conducir a un malentendido, aun al desastre.

La manera de lograr un matrimonio saludable es cuando nos sentamos con nuestro cónyuge y definimos nuestras necesidades y metas en equipo. Entonces, decidimos: «Así queremos que sea nuestro matrimonio». En otras palabras, unificamos las expectativas. «Esto es lo que esperamos de nuestro matrimonio. Estas son las metas para nuestras relaciones».

Intente hacer esto en el «retiro matrimonial» que sugerí antes. Vaya a un lugar con su cónyuge y piensen y hablen acerca de los objetivos y las expectativas. Si hace esto, cada vez se concentrará menos en usted mismo para concentrarse en las necesidades del otro. Y marchará por buen camino en su tratamiento para curarse de la *chiqueritis* egoísta.

Patrones

El ingrediente final en el tratamiento de la *chiqueritis* se trata de *unificar los estilos de vida, los patrones de conducta*. Cuando dos personas se casan, aportan a sus relaciones dos formas diferentes de enfrentar la vida. Cada hogar es único y traemos con nosotros al altar ese patrón de conducta único en su estilo. Es necesario que algunos de estos patrones se rompan, mientras otros se pueden adoptar.

Supongamos que el esposo proviene de una familia que demuestra los sentimientos de manera mucho más efusiva que la familia de la esposa. También puede pasar que los miembros de la familia de él sean frugales mientras los de ella son más gastadores.

Dedique un tiempo con su pareja y definan juntos los patrones de conducta. ¿Cómo van a tomar las decisiones? ¿Cómo resolverán los problemas? ¿Cómo administrarán el dinero? ¿Cómo disciplinarán a los hijos?

Jo Beth y yo nos criamos juntos. Cuando nos casamos, nos conocíamos bastante bien. Sin embargo, proveníamos de hogares diferentes con estilos de vida diferentes. Debimos establecer nuestro propio modelo o patrón de vida cuando nos casamos. Usted debe hacer lo mismo si desea hacer que su matrimonio se recupere de la *chiqueritis*.

EL CAMINO HACIA LA RECUPERACIÓN

¿Cómo podemos saber si estamos en camino de recuperación de la *chiqueritis*? ¿Cómo sabemos si estamos curados?

Amor. El amor es la respuesta.

Aclaremos esta palabra que padece el uso en demasía por parte de nuestra sociedad. «Amamos» de todo, desde personas a mascotas, desde un pasatiempo hasta la pizza. Ha pasado a ser una palabra superficial cuando en realidad tiene un significado muy profundo. La hemos diluido. Así que, si el amor puede devolver la salud a nuestro matrimonio y nos asegura que la *chiqueritis* estará bajo control, dediquemos un momento a restablecer el valor que la palabra amor tiene. No existe mejor lugar para hallar el verdadero significado de la palabra amor que en la Biblia. Dios es amor y en su Palabra nos ha dado instrucciones claras acerca de la vida, del amor y del matrimonio.

El Nuevo Testamento contiene toda una gama de términos griegos que traducimos por *amor*. Cada uno de estos vocablos griegos describe un único tipo de amor, un aspecto diferente del amor o un grado más o menos profundo de amor. Ya que la palabra *amor* ha perdido la profundidad de su significado, analicemos estos términos bíblicos para «amor». Consideraremos lo que podríamos llamar amor *sentimental*, amor *fraternal* y amor *eterno*.

Cuando su matrimonio tenga estos tres tipos de amor, sabrá que está curado de *chiqueritis* y que va camino a disfrutar de un matrimonio fabuloso.

Amor sentimental

Recuerdo con claridad lo que sentí cuando me enamoré de Jo Beth: el corazón me latía como si hubiera corrido una carrera de velocidad y sentía un cosquilleo en la boca del estómago. Ella era como un imán. ¡Me atraía todo el tiempo! Me sentía enfermo de amor como aquel hombre que describiera el poeta anónimo:

> Trepé hasta la puerta
> y cerré las estrellas.
> Dije mis zapatos y me saqué las oraciones.
> Apagué la cama y me metí en la luz.
> Y todo eso porque...
> ¡me dio un beso de buenas noches!

Me siento identificado con este joven del poema. Tenía un terrible ataque de lo que llamo «amor sentimental» o romántico. El término griego para esta clase de amor es *eros*, y es el tipo de amor erótico que más vende en las novelas románticas y las películas.

Conviene aclarar que el amor erótico no es «malo», ya que Dios lo creó. Lea el Cantar de los Cantares de Salomón y verá cómo Dios planeó que el amor erótico o sentimental se desarrollara dentro del matrimonio.

Esta clase de amor tiene que ver con la «química» entre el esposo y la esposa. Es una excitante mezcla de pasión, atracción física, actos cariñosos y sexualidad. El amor romántico es un regalo maravilloso de Dios para que un hombre y una mujer compartan dentro del compromiso matrimonial. No se trata solo de una parte placentera del matrimonio sino que es algo *vital*.

Si le preguntáramos a un consejero matrimonial cuál es la pregunta más frecuente que le formulan las parejas, es probable que responda algo así: «¿Cómo puedo restaurar la pasión y la excitación en mi vida y en mi matrimonio?». Cuando dicen que se ha perdido el romanticismo o la «chispa» en el matrimonio, el problema radica en que no han alimentado el amor sentimental.

No es sencillo mantener la pasión y la excitación en el matrimonio, pero las antorchas se pueden volver a encender. Se puede restaurar el amor romántico en el matrimonio. Incluso puede tener un matrimonio fabuloso. ¿Cómo? Permítame darle algunos pasos prácticos que le ayudarán a restaurar el romanticismo en sus relaciones.

- Preste atención a sus relaciones. Suelo aconsejar a las parejas que sigan invitándose a salir. Los esposos necesitan cortejar a sus esposas con la misma dedicación con la que ganaron su amor. Las esposas tienen que hacer que sus esposos se sientan tan especiales como un príncipe azul.

- Active sus deseos. Aunque no sienta lo mismo que antes, necesita activar su deseo de hacer las cosas que hacía antes en los días de amor apasionado y romántico. Imagine que su vida es como un tren. El deseo es la locomotora y las emociones son el furgón de cola. Cuando la locomotora se comienza a mover por los rieles, el furgón la sigue. Por eso, no se concentre tanto en los sentimientos. Si bien son importantes, las emociones saludables no se generan solo por los sentimientos. Comprométase con *acciones que beneficien a su pareja* y luego observe cómo los sentimientos renacen.

- Manténgase en la senda. Analice el sendero que se nos indica en las Escrituras. La primera obligación que tiene todo esposo y esposa es bien evidente: *Ame a su cónyuge como a un bien preciado* (Efesios 5:25; Tito 2:4). La Biblia indica que tanto la esposa como el esposo deben amarse. Es lamentable que algunas personas tengan problemas con este mandato. Por eso el segundo nivel de nuestra senda es un poco más sencillo: *Ame a su cónyuge con amor fraternal* (1 Pedro 3:8). Si cree que aún no puede hacerlo, entonces intente cumplir el tercer nivel bíblico: *Ame a su cónyuge como prójimo* (Mateo 22:39). Si todavía le parece muy difícil de alcanzar, Jesús tiene una última orden para darle: *Ame a su cónyuge como enemigo* (Mateo 5:44). El Señor nos enseña que debemos amar a nuestros enemigos. Si no puede amar a su cónyuge por lo menos como ama a sus enemigos, es probable que tenga algún problema que vaya más allá de las relaciones matrimoniales. Lo primero que tiene que asegurarse es una correcta relación con el Señor porque sin eso, no habrá seminarios de relaciones personales ni libros de ayuda matrimonial que den resultado.

Ahora veremos el segundo tipo de amor necesario para protegerse de la *chiqueritis* egoísta. En el matrimonio hay mucho más que amor romántico. Si bien he enfatizado que es algo vital, divertido y placentero, un matrimonio sufrirá si solo cuenta con un tercio del amor que necesita. Más de un matrimonio ha fracasado porque la pareja se negó a ir más allá del amor sentimental.

Amor fraternal

«Irving Jones y Jesse Brown se casaron el 24 de octubre. Así termina una amistad que iniciaron en los años de escuela». Ese anuncio apareció en el boletín de la iglesia luego de la boda del matrimonio de los Jones[2]. Espero que Irving y Jesse hayan continuado con su amistad, a pesar de la afirmación tan pesimista.

El término griego para el amor fraternal es *filia*. De ahí que a la ciudad de Filadelfia se la conozca como «la ciudad del amor fraternal». *Filia* se refiere al cariño, al vínculo afectivo entre dos personas. *Eros*, o amor sentimental, hace que una persona se sienta loca por amor o ciega de amor, como si hubiera algo irresistible en la otra persona que atrajera al enamorado a esas relaciones. Sin embargo, *filia* o amor fraternal conlleva la idea de elección, es un acto de la voluntad.

Los mejores matrimonios del mundo son aquellos donde los cónyuges no solo se enamoran sino que además se eligen como mejores amigos. Piense por un momento en el mejor amigo que haya tenido. ¿Recuerda que a esa persona le podía decir cualquier cosa sin temor a juicio o rechazo? Se sentía seguro como para compartir sus pensamientos secretos, los sentimientos más profundos y los deseos más íntimos.

En este tipo de matrimonio, los cónyuges pueden afirmar que se han casado con su «mejor amigo». Estas parejas tienen tanto en común que disfrutan de la mutua compañía, incluso más allá del aspecto puramente sexual.

La atracción física con frecuencia hace que un hombre y una mujer se sientan atraídos, pero las parejas que son además buenos amigos eligen de manera consciente esas relaciones. Un prestigioso autor lo expresa de la siguiente manera:

> Noel y yo, en obediencia a Jesucristo, hemos procurado con toda pasión los placeres más profundos y duraderos. A veces con imperfecciones, en ocasiones a desgano, pero hemos hallado nuestro placer en el placer del otro. Por eso podemos testimoniar a todos aquellos que se casan, que esta es la manera de encontrar el deseo del corazón. ... A medida que buscamos el gozo en el gozo del otro y cumplimos el papel ordenado por Dios, se manifiesta el misterio del matrimonio como la parábola de Cristo y la iglesia, para la gloria de Dios y para nuestro placer.[3]

Suelo decir que el matrimonio es una amistad «ardiente». Si en su matrimonio hay amor sentimental y amor fraternal ¡alégrese! Está a punto de curarse de la *chiqueritis*.

Amor eterno

El amor sentimental y el amor fraternal se basan, en cierta medida, en el placer mutuo, satisfacción y plenitud. He disfrutado mucho del amor romántico y fraternal con mi esposa y sé que ella también. Sin embargo, el «amor eterno» se ocupa tanto de la otra persona que no espera nada a cambio.

En su máxima expresión, el amor «eterno» es el que demostró Dios. El Señor derramó ese amor incondicional cuando envió a su Hijo, Jesucristo. Es algo que no merecemos y no hay nada que podamos dar a cambio.

El vocablo griego para reflejar este tipo de amor es *ágape*. Es un término tan exclusivo que no aparece con frecuencia en la literatura griega fuera de la Biblia. Es como si hubiera sido creado y reservado solo para expresar el amor de Dios por nosotros.

En el matrimonio, esta clase de amor es la que soporta las idas y venidas del amor sentimental y los vaivenes del amor fraternal. Es el amor que trasciende el sentimiento romántico y que surge de la devoción. No se basa en los sentimientos sino en un compromiso duradero. El amor *eros* tiene que ver con el cuerpo, *filia* se relaciona con el alma, pero *ágape* es un asunto del espíritu.

Muchas parejas tratan de llevar adelante el matrimonio con un tercio o, como mucho, con dos tercios. Algunos tienen solo relaciones físicas, pero cuando la pasión se extingue, termina el matrimonio. Otros, tienen relaciones físicas y fraternales, pero llega el día en que la amistad se corta y el matrimonio se acaba.

Sin embargo, cuando los esposos disfrutan de un matrimonio de «tres tercios», tienen unas relaciones plenas. Más allá de lo que ocurra en los otros niveles, el amor *ágape* sostiene el matrimonio y le da profundidad y vitalidad.

La Biblia hace una descripción clásica del amor *ágape* a través de las siguientes palabras o frases (adaptado de 1 Corintios 13:4-7):

Paciente
Bondadoso
No es envidioso
No es jactancioso ni arrogante
No se comporta de manera inadecuada
No busca primero su propio interés
No guarda rencor
No se regocija en la maldad sino en la verdad
Lleva las cargas
No es cínico ni desconfiado
Espera en todas las circunstancias
Soporta todo lo que se le oponga

De tanto en tanto, me fijo cómo ando en estas características del amor *ágape*. Me cuestiono si soy paciente, bondadoso, envidioso, jactancioso o arrogante con mi esposa. Lo animo a que haga este mismo análisis en cuanto a su cónyuge o a su amado. Si es sincero en el juicio, hallará aspectos en los que necesita mejorar, como me pasa a mí.

El amor sentimental hace del matrimonio algo excitante, el amor fraternal agrega diversión e interés a las relaciones, pero estas clases de amor sufren altibajos, surgen y se repliegan. El amor *ágape*, por otro lado, se mantiene constante y hace que el matrimonio sea algo seguro. Es el amor eterno que sale al encuentro de nuestro egocentrismo y restaura la pasión y la amistad que nos cura de la *chiqueritis* egoísta. Solo Dios nos puede dar esta clase de amor.

EL ESFUERZO VALE LA PENA

Hace poco, en una entrevista, Oprah Winfrey le preguntó a Billy Graham acerca de su matrimonio de 56 años con Ruth.

—¿Cuál es el secreto de su maravilloso matrimonio? —preguntó Oprah

—Somos felizmente incompatibles —respondió con senci-
llez el Dr. Graham.

¿Qué quiso decir? El gran evangelista quiso expresar que si
bien él y su esposa eran diferentes, habían logrado felizmente
conciliar sus diferencias. Billy y Ruth Graham han aprendido a
superar el egoísmo y a considerar al otro como más importante.
Ahí vemos a nuestro primer mandamiento puesto en práctica.
Ellos son el ejemplo que demuestra que este mandamiento es
fundamental para tener un matrimonio bueno y feliz.

Si bien el matrimonio no es siempre sencillo, siempre vale la
pena el esfuerzo. En realidad, aparte de la relación con Jesucristo,
el matrimonio es la relación más sagrada y fabulosa que Dios
nos ofrece. Cuando el hombre y la mujer aprenden a dejar de
lado el egoísmo y le dan al otro la prioridad, entonces el matrimonio se llenará de pasión, satisfacción y asombroso poder.

REFLEXIONE SOBRE SUS RELACIONES

1. ¿En qué áreas específicas de sus relaciones con su cónyuge
   o enamorado observa que es egoísta o tiene pensamientos
   egoístas?

2. ¿Qué síntomas específicos de *chiqueritis* identifica en su
   persona?

3. ¿Qué tipo de expectativas tiene para su matrimonio y con
   respecto a su cónyuge? ¿De qué manera puede comenzar
   a transmitirle esas expectativas?

4. Haga la «prueba del amor» de 1 Corintios 13. Reflexione
   a ver si es paciente, bondadoso, jactancioso, etc. con su
   cónyuge? ¿En qué áreas necesita mejorar?

UN COMENTARIO PERSONAL

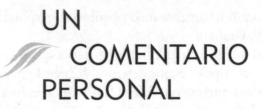

Cortarás el cordón umbilical

Cuando estamos frente al altar, le aseguramos a nuestra pareja que él o ella es lo primero en nuestra vida. Sin embargo, si seguimos atados a nuestros padres, a algún lugar o a personas del pasado, nuestro cónyuge ni siquiera está entre los diez principales. Para irse, partir y ser uno, hay que cortar el cordón umbilical.

—E. Y.

CORTARÁS EL CORDÓN UMBILICAL

Durante una sesión grupal, el consejero preguntó a tres hombres «qué harían si supieran que les quedan cuatro semanas de vida».

—Es sencillo —respondió el primero—. Iría a Las Vegas y me divertiría gastando todo mi dinero. No me lo puedo llevar, así que por lo menos lo disfrutaría antes de irme.

El segundo hombre, con inclinaciones humanitarias, respondió:

—Iría a prestar servicio al prójimo de cualquier manera. Daría mi vida al servicio de los demás e intentaría hacer sus vidas más llevaderas.

El consejero entonces aguardó la respuesta del tercer hombre que sin dudar un segundo, respondió:

—Me mudaría a vivir con mi suegra y permanecería con ella cada minuto de cada día durante esas cuatro semanas.

—¡Qué curioso! —exclamó el consejero—. ¿Por qué haría una cosa así siendo que hay maneras mucho más placenteras y productivas de pasar las últimas semanas de su vida?

—¡Porque esas serían las cuatro semanas más largas de mi vida! —replicó.

Pido disculpas a las suegras que pudieran estar leyendo este libro, pero seguramente sabrán mejor que nadie que las bromas acerca de suegras abundan en nuestra cultura. Nos reímos, no como una falta de respeto sino porque a menudo contienen atisbos de verdad.

Algunos matrimonios disfrutan de unas relaciones de amor y respeto que es mutuo con los parientes políticos. Los padres saben cuándo deben dejar a sus hijos solos y permitirles que manejen sus propios asuntos maritales. Sin embargo, es triste reconocer que muchos otros matrimonios deben soportar la intromisión constante de los padres políticos y otros parientes.

Las interferencias en el matrimonio no vienen solo por padres políticos bienintencionados. También pueden provenir de amigos e incluso otros miembros de la familia, incluso ex esposos y ex novios. Lo «último» que necesita una pareja son intromisiones o interferencias externas o internas, lo que nos lleva a nuestro segundo mandamiento: *Cortarás el cordón umbilical.*

EL MATRIMONIO: DISEÑO PERFECTO DE DIOS

Cuando el francés Auguste Bartholdi diseñó la Estatua de la Libertad, sabía que debía lograr una estructura adecuada. Los vientos del puerto de Nueva York presionarían en sentidos opuestos la enorme mole de metal y la arrancarían de cuajo si la estatua no estuviera bien construida. El monumento incluso podría caerse bajo su propio peso si los elementos que lo componen no estuvieran en un perfecto equilibrio.

Por lo tanto, Bartholdi recurrió a Gustave Eiffel, un ingeniero estructural que construyó la famosa torre que lleva su nombre. Para la estatua de la Libertad, Eiffel construyó un núcleo de hierro y acero al que agregó un armazón como soporte en la parte central. El conocimiento de Eiffel de qué partes debía unir y cuáles dejar separadas para soportar mejor la distribución de la carga hizo posible la amada estatua que da la bienvenida a todo el que llega a los Estados Unidos.

De manera parecida, Dios diseñó con cuidado la estructura del matrimonio de tal manera que le permitiera resistir cualquier tipo de tormenta. El principio clave para el diseño de un matrimonio sólido se puede resumir en dos palabras: *dejar* y *unir.*

También en el matrimonio, hay ciertos elementos que tienen que estar juntos para darle fortaleza, mientras otros componentes deben estar separados, no sea que las fuerzas combinadas tiren abajo toda la estructura.

EL PLAN DE DIOS PARA EL MATRIMONIO

Al inicio de las relaciones entre Adán y Eva como marido y mujer, Dios les dijo: «Por tanto, dejará el hombre a su padre y a su madre, y se unirá a su mujer, y serán una sola carne» (Génesis 2:24; RVR 1960).

Esta orden aparece cinco veces en la Biblia[1]. Sabemos que *cualquier cosa* que Dios diga, es importante. Cuando hay algo que lo dice dos veces, ya debemos hacerle un asterisco o subrayarlo. ¡Y esto lo dice *cinco* veces! No hay dudas de que desea llamar nuestra atención sobre esto. Cuando Dios considera que algo es tan importante como para decirlo cinco veces, podemos estar seguros de que es algo vital. ¡Será mejor que lo hagamos!

La orden de Dios dada a Adán y Eva contiene tres palabras cruciales: *dejar, unir* y *carne.* Si comprendemos lo que estas tres palabras significan podremos comprender la manera en que Dios quiso que funcionara el matrimonio. Estoy convencido de que todos los problemas matrimoniales provienen de la falta de cumplimiento de alguna de las partes, de las instrucciones dadas en Génesis 2:24 de dejar, unir y ser una sola carne. De manera que si somos capaces de cumplir esto, estamos en el buen camino hacia un matrimonio más saludable, más fuerte y más feliz.

UN HOMBRE Y UNA MUJER SE UNEN

En nuestra cultura, cuando un hombre y una mujer solteros se encuentran y manifiestan un interés mutuo, suele comenzar unas relaciones en la que se visitan, salen juntos, etc. Durante este tiempo de cortejo, la pareja descubre diferencias y similitudes en cuanto a las metas, a los deseos, a los sueños e incluso en cuanto a lo que les gusta o les desagrada. Pueden llegar a unirse en matrimonio.

Unidos... como con pegamento

Cuando esto sucede, Dios manda que el esposo y la esposa salgan de la influencia paterna que experimentaron durante la infancia y la juventud para unirse entre sí. «Unir» significa «pegar», como si lo hiciéramos no con un pegamento común, sino con un pegamento ¡superadherente!

He aprendido por penosa experiencia a ser cuidadoso al trabajar con un pegamento de alta adherencia. Mi esposa me lo había advertido. Cuando le dije que «accidentalmente» se me habían pegado los dedos pulgar e índice, ella con mucho amor y paciencia (si bien con mucha lentitud para mi gusto) fue al baño y trajo un líquido de olor penetrante que me ayudó a separar los dedos. Allí tomé verdadera conciencia del significado de ser «una sola carne». Si uno coloca el pegamento suficiente, la ligadura será tan fuerte que será imposible volver a separar los dedos sin dañar la carne de uno o de ambos.

Así de estrecha debe ser la ligadura que une al matrimonio.

Unidos como... velas

Muchos hemos presenciado una boda en la que la novia y el novio encienden una vela de la unidad. Sobre el altar se coloca un candelabro con tres velas, dos pequeñas y una más grande en el centro. En determinado momento, los novios toman las velas pequeñas que representan su vida y encienden la vela más grande. Una vez encendida esta vela de la unidad, apagan las suyas como símbolo de que ya no son más dos personas independientes sino una.

Debo confesar que no estoy del todo convencido de que esta representación refleje con exactitud lo que sucede cuando dos personas se casan. Creo que Dios desea que cada uno conserve su propia identidad. La novia sigue siendo la novia y el novio, sigue siendo el novio. Uno es hombre y la otra es mujer y cada uno sigue teniendo su personalidad, sus necesidades y sus dones. Sin embargo, en el matrimonio ambos traen sus vínculos para unirlos y crear algo más profundo y más fuerte de lo que haya existido antes. ¡Ahora son marido y mujer!

Cuando un hombre y una mujer «dejan y se unen», pasan a ser uno. A esto lo llamo «la matemática divina»: uno más uno es igual a uno. Ahora son una sola carne, un mismo proyecto, una unidad marital.

Si todas las parejas comprendieran con claridad qué tienen que dejar y qué tienen que unir, todos los matrimonios disfrutarían de la dependencia estructural que Dios diseñó desde el principio. ¡No hay tormenta que pueda derribarlos!

DEJEMOS A NUESTROS PADRES

¿A qué se refiere Dios cuando dice que hay que dejar al padre y a la madre? Primero vamos a enumerar lo que *no* quiere decir.

De ninguna manera Dios sugiere que debamos romper relaciones con nuestros padres cuando nos casamos. Sencillamente, nos hace saber que a partir de ese momento nuestros padres no son más las figuras preeminentes de nuestra vida sino que nuestro cónyuge ocupa ahora ese lugar.

Nadie discute que toda madre ocupa un lugar muy especial en el corazón de su hijo que nadie más puede ocupar. Sin embargo, una vez que se casa, ella ya no es más la mujer más importante en la vida del hijo, sino que ese lugar está reservado para la esposa. Lo mismo ocurre con el lugar que ocupa el papá en el corazón de la hija. El esposo, y no el padre, será el hombre más importante en el mundo de ella.

Las parejas casadas necesitan recordar que han iniciado unas relaciones en las que se han comprometido a honrarse el uno al otro, a ocuparse de las necesidades del otro, a obedecerse, a cuidarse y a ser sostén el uno del otro en toda circunstancia. Los hijos que se casan necesitan «dejar» y los padres deben permitirles partir.

A este proceso lo llamo «corte del cordón umbilical». Y existen dos «cordones» que toda pareja necesita cortar.

1. Hay que cortar el «cordón del consejo»

Como es tan frecuente que dependamos del consejo paterno, el primer cordón que aconsejo cortar es precisamente este. Uno puede pedirles a los padres que lo corten o darles a leer esta parte del libro ya que es preferible que sean ellos los que inicien el corte. Por eso, estos dos puntos están expresamente escritos para los padres.

A medida que crecen, nuestros hijos necesitan de nuestros consejos y es agradable sentirse útil en tal sentido. No obstante eso, cuando se casan debemos hacernos a un lado y permitir que nuestros hijos casados elaboren sus problemas por sí mismos.

Como padre, sé que es algo muy difícil de hacer. Mi hijo mayor, Ed, fue el primero en casarse. Si veía llegar algún problema o creía saber lo que él debía hacer ante determinada situación, sentía el impulso de inmiscuirme para decirle cómo debía ser un marido ideal. Sin embargo, Jo Beth me daba un codazo en las costillas o me fulminaba con la mirada para recordarme qué poco sabía yo lo que significaba ser un «marido ideal».

De la misma manera, cuando surgen los conflictos en la pareja casada, jamás deben llamar a los padres para pedir consejo. En vez de eso, deben tratar el tema entre ellos y usar el principio indicado en la Palabra de Dios de orar y solucionar los problemas. La búsqueda de consejo externo solo debe hacerse si es necesario.

¿Significa esto que los padres jamás deben aconsejar? Por supuesto que no. En ocasiones, todas las familias necesitan algún consejo de alguien de afuera. Usted, como padre directo o político tiene una visión muy valiosa de las cosas. Sin embargo, debe recordar que los padres sabios reconocen que deben escuchar *ambas* versiones de los hechos, lo que incluye la postura del yerno o de la nuera. Si es capaz de escuchar con calma, de orar y de animar, llegará el día en que descubrirá que lo aman, lo respetan y lo escuchan de forma genuina.

Ahora bien, para aquella persona que debe dejar a su padre y a su madre: el establecer un hogar no significa que uno deba dar por terminada las relaciones con los padres. Debe dejarlos, no abandonarlos ni renunciar a su influencia. Aunque nos casemos, debemos obedecer el mandamiento del Señor de honrar a nuestros padres. La experiencia que los padres han obtenido a lo largo de los años aún desempeña un papel importante en la vida de los hijos casados. La Biblia relata varios ejemplos de ello.

Está el caso de Noemí, una suegra que tenía excelentes relaciones con su nuera Rut. También está Jetro, el suegro de Moisés, quien lo llevó aparte para advertirle que la tarea que llevaba a cabo era demasiado pesada para él. Lo aconsejó sobre cómo ser un mejor administrador y líder. Moisés atendió al consejo de su suegro por lo que su vida y servicio a Dios fueron más efectivos.

No siempre les resulta sencillo a los padres cortar el cordón y permitir que los hijos partan e inicien su matrimonio y su propia familia. De igual manera, no es sencillo para los hijos casados dejar atrás la seguridad del hogar y del estilo de vida con el que se criaron. Sin embargo, si desea un matrimonio feliz debe dejar la seguridad del «nido» paterno y crear un «hogar, dulce hogar» propio.

2. Hay que cortar el cordón económico

Debido a que muchas parejas están fuertemente ligadas a los padres propios o políticos por razones relacionadas con el dinero es que sugiero a los padres que corten el *cordón económico*. De no hacerlo, hacen que la pareja sea completamente dependiente e incluso crea resentimientos.

Cuando el esposo de Elizabeth falleció, le dejó una inmensa fortuna que ella repartió pródigamente entre sus hijos casados. Les compró casas, autos y todo el lujo que pudieran desear. Sin embargo, la generosidad de Elizabeth escondía una trampa. Cada vez que los hijos tomaban alguna decisión con la que ella no estaba de acuerdo, les recriminaba: «No me dan un gusto, después de todo lo que he hecho por ustedes». Los hijos pasaron a ser altamente dependientes de ella y eran fáciles de manipular por lo que surgió el resentimiento.

Ana y Juan optaron por una postura mucho más saludable. Decidieron cuál sería la ayuda que les brindarían a los hijos una vez que alcanzaran la mayoría de edad. Tomaron la decisión de ayudarlos a establecerse y luego se retirarían para que ellos pudieran autoabastecerse. Ana y Juan pagaron los gastos de estudio y colaboraron para que tanto el hijo como la hija tuvieran su primera vivienda. Luego, si bien tenían mucho dinero, se abstuvieron de sostenerlos económicamente. Al cortar este cordón económico, la familia de Ana y Juan disfrutaba de unas relaciones libres de manipulaciones y culpa.

Quizás sin saberlo, Ana y Juan imitaron el ejemplo del águila. La madre empuja al polluelo fuera del nido antes de que sepa volar. Mientras este cae en picada, la madre vuela por debajo y lo retiene en su lomo. Poco a poco, gracias a este arriesgado entrenamiento, el polluelo aprende a abrir las alas y a batirlas para mantenerse en el aire. De igual manera, los humanos podemos dar también un «empujoncito» a los hijos para que se independicen de la ligadura económica en las relaciones padre-hijo.

Dios manda a los casados a «dejar» a su padre y a su madre. Una manera de lograrlo, podemos decir, es cortando el cordón de consejería y económico. Las parejas casadas que tienen éxito aprenden que tienen que dejar mucho más que a sus padres.

DEJEMOS EN EL OLVIDO LOS «AMORES DEL PASADO»

Hace varios años Willie Nelson y Julio Iglesias cantaban una canción muy conocida: «A todas las chicas que amé». Aún me parece escuchar cómo interpretaban con sus voces melodiosas esa letra en la que exaltaban las virtudes de sus novias.

A pesar de Willie y Julio, los hombres deben dejar atrás las chicas que amaron, así como las mujeres deben hacer lo propio con los novios que hayan tenido. Cometen un craso error al traer a la memoria esos amores del pasado. El esposo y la esposa deben dejar atrás esas relaciones y deben prodigar todas sus manifestaciones de afecto y sentimientos de amor a su pareja.

El traer a la memoria a esos muchachos o chicas que han amado en el pasado puede conducirlos a padecer el síndrome del «pasto verde», aquel en que el pasto siempre parece más verde del otro lado de la cerca. La aparición de problemas en el matrimonio es solo una cuestión de tiempo. Si no se «dejan» atrás esos amores del pasado, tarde o temprano seremos tentados a comparar a nuestra pareja con esa persona de nuestro pasado. Pueden acudir a la mente pensamientos como: *Si me hubiera casado con Silvia...* o *Seguro que Esteban hubiera actuado diferente en una situación como esta.* Esos pensamientos solo servirán para abrir una brecha entre los esposos.

Ambos sabemos que no hay tal cosa como un «pasto más verde». Todos los jardines tienen pestes, yuyos y alimañas. ¿Sabe cómo hacer para obtener un pasto más verde? ¡Regando su propio jardín! Debe regar y cultivar lo que posee junto con su pareja en vez de añorar relaciones pasadas.

DEJEMOS EN EL OLVIDO LOS «PROBLEMAS DEL PASADO»

Nadie puede unirse en matrimonio de manera satisfactoria sin antes dejar atrás los problemas del pasado. Algunas personas descubren apenas se casan que su matrimonio no resulta debido a errores o a abusos padecidos en unas relaciones previas.

Cuando ese paquete lleno de los problemas del pasado se ubica en medio del dormitorio, ya sea en la luna de miel o en el hogar, todo se bloquea. Los problemas de un pasado adverso afectan el diálogo en la pareja, afectan las relaciones sexuales y afectan la confianza mutua.

Rosa tenía 28 años y aún acarreaba la culpa por los años de secundaria cuando la promiscuidad le había llevado a provocarse tres abortos. Cuando se casó con Juan pensó que había terminado con su pasado. Sin embargo, en la noche de bodas, cuando el esposo comenzó a acariciarla vino a su mente el pasado tan escabroso y se puso tensa y fría.

Si deseamos que nuestro matrimonio sea un reflejo de Dios, es esencial que dejemos los errores del pasado donde pertenecen: ¡en el pasado! Necesitamos dejar lo que hemos hecho o lo que nos han hecho a los pies de la cruz. Y necesitamos avanzar.

Puede que piense: *No sabe lo difícil que es para mí. He cometido un error tan grave que ni siquiera puedo perdonarme. ¡Sencillamente no puedo olvidarlo y dejarlo en el pasado!*

¿Le gustaría deshacerse de esas trabas llenas de basura del pasado? La respuesta está en el principio de confesión y arrepentimiento. Cuando confesamos nuestro pecado a Dios y nos apartamos, Él está más que dispuesto a perdonarnos y a limpiarnos de *toda* la basura de nuestro pasado (véase 1 Juan 1:9).

¿Sabe lo que significa la palabra *todo*? Significa eso mismo: ¡*todo*! Dios puede limpiarnos de todo. No elige qué pecados perdonarnos y cuáles dejar allí para que los sobrellevemos durante toda la vida. Nos limpia literalmente por dentro y por fuera y declara que todo pecado cometido está perdonado y divinamente olvidado. ¿Sabe lo que hace Dios con nuestro pecado? La Biblia dice que lo arroja a las profundidades del mar (Miqueas 7:19).

De manera que deje sus pecados y errores a los pies de la cruz. Deje los pecados cometidos en la escuela secundaria, en la universidad y desde entonces para que Dios los tome y lo arroje al fondo del mar.

DEJEMOS EN EL OLVIDO LOS «LUGARES DEL PASADO»

Estoy convencido de que el caso de mi esposa y yo es en cierta forma un poco extraño. Nos conocemos de toda la vida. Nos vimos por primera vez en la sala de cuidado de niños en la iglesia y no porque hubiéramos ido a dejar a nuestros hijos allí, sino porque nosotros éramos los niños.

Suelo hacer bromas respecto a que Jo Beth cuidaba a los niños mientras yo ocupaba una de las cunas, pero eso no es cierto. Crecimos en el mismo pueblo, asistimos a la misma iglesia y nos graduamos en el mismo colegio. De ahí que cuando hablo acerca de algún hecho en particular o me refiero a algún compañero de escuela, ella sabe exactamente de qué estoy hablando porque estuvo ahí. Lo mismo me sucede a mí cuando ella hace algún comentario.

Si su historia es parecida, no está mal hablar acerca de los lugares del pasado. Sin embargo, la mayoría de las personas conoce a su esposo o esposa un poco más allá de la época de los pañales. Casi todos ya han «vivido la vida» antes de conocer a su pareja. Entonces, cuando uno habla acerca de determinados lugares o experiencias de la época anterior al matrimonio, en especial si el cónyuge no estuvo presente, se corre el riesgo de hacerlo sentir excluido o distante.

El alejamiento del cónyuge se puede producir cada vez que obviamos dejar aquellas cosas que nos impiden unirnos a nuestra pareja. ¿Qué clase de cosas? Cosas como estas:

- dependencia emocional o material de los padres
- personas que dominaron sus relaciones
- los problemas ocasionados por conductas inadecuadas del pasado
- los lugares donde ha experimentado cosas sin su cónyuge

Todos estos son «cordones» que debemos cortar si hemos de mantener firme la estructura de nuestro matrimonio.

AFERRADOS AL PACTO

Un pacto entre ambos y con Dios

Dejar atrás es importante. Si bien es importante, es solo el primer paso. En el matrimonio hay que dar dos pasos y el segundo es unir. Conscientes de ello, analizaremos ciertas cosas a las que es importante que nos «unamos».

En primer lugar, debemos unirnos al pacto matrimonial. Cada vez que una pareja está ante mí frente al altar, le hago la siguiente pregunta: «¿Prometen amarse y respetarse, honrarse y sustentarse en la salud como en la enfermedad, en la riqueza y en la pobreza, en los momentos agradables y en los difíciles? ¿Prometen hacerlo con la ayuda de Dios?».

Todavía no me ha tocado presidir una boda en que la novia o el novio me respondan: «No quiero». Algunos han demorado en responder, pero todos responden: «Sí, lo prometo». Y todos creen con sinceridad poder cumplir estos votos.

¿Qué sucede en el momento en que dicen: «Sí, lo prometo». Al intercambiar los votos, el hombre y la mujer están sellando un pacto entre sí y con Dios. Es como si se sentaran a la mesa con los parientes y con Dios para convencerlos de que desean pasar juntos el resto de sus vidas. Entonces Jesucristo abraza a la pareja y dice: «Sí». Dios el Padre bendice el acuerdo y se establece un pacto sagrado. El Señor Jesucristo pronuncia la bendición: «Por tanto, lo que Dios ha unido, que no lo separe el hombre» (Mateo 19:6).

¿Recuerda la imagen del triángulo de la que hablamos al referirnos al pacto matrimonial? Dios está en el vértice superior y los esposos, uno en cada vértice de la base. A medida que los cónyuges se acercan al Señor, más se acercan entre sí. Esas relaciones convencionales dan como resultado un matrimonio pleno y dinámico.

Muchos eligen casarse solo por lo civil ante un juez de paz. En esos casos siempre recuerdo a aquel sujeto que dijo: «Sí... me casé ante un juez de paz y esa fue la última vez que vi a la justicia y a la paz».

Contrastes entre pacto y contrato

Sea que se haya casado en una iglesia cristiana, ante un juez de paz o una boda rápida en una capilla en Las Vegas, igual ha hecho un pacto establecido por Dios en el que nos manda «dejar y unirnos».

El matrimonio es un pacto, no un contrato. En un mundo decadente en lo moral y lo social, donde la mitad de los casamientos termina en divorcio, los contratos prematrimoniales se han puesto de moda. Arlene Dubin, un prestigioso abogado de Nueva York especializado en divorcios, dice que aproximadamente el 20% de las parejas que contraen matrimonio hacen un arreglo prematrimonial[2].

Analicemos el marcado contraste que existe entre el pacto matrimonial y un contrato.

PACTO	CONTRATO
Se basa en el amor	Motivado por la obligación
Se basa en la ley	Motivado por la coacción
Asume unas relaciones «hasta que la muerte nos separe»	Nos prepara para el fracaso del matrimonio
«Lo mío es tuyo»	Protege lo que es «mío»
«Tus intereses son los míos»	Cuida «mis» intereses
Nos prepara para la vida juntos	Nos prepara para vivir separados

Las parejas que buscan hacer un arreglo contractual parecieran esperar que algo o alguien separe lo que Dios ha unido. Ven ese tipo de acuerdo como una «puerta de escape» para una rápida huida.

Si elige que su matrimonio sea solo un contrato legal, puede que estén juntos e incluso puede que se amen profundamente; pero solo será entre usted, su pareja y el estado. Se perderá de disfrutar las maravillosas relaciones dinámicas que solo se experimentan en el vínculo afectivo y la intimidad espiritual del pacto divino. La fórmula establecida por Dios es la única que da significado, creatividad y vida a un matrimonio.

¡Únase a la realidad sagrada del pacto matrimonial! Y comprenda de una vez por todas que lo que Dios une, nada ni nadie lo podrá separar.

AFERRADOS A LOS PRINCIPIOS DE DIOS

Ponga en práctica la «verdadera» verdad de Dios

La Biblia es el manual que nos acompaña en todas las etapas de la vida, incluso en el matrimonio. Nos brinda instrucciones en todos los aspectos importantes del matrimonio: con quién casarse, cómo mantener y hacer crecer un matrimonio fuerte y saludable, y cómo ayudar o sanar un matrimonio herido.

Ese único principio bíblico que hemos analizado en el presente capítulo (dejar y unir) es suficiente para sustentar a una pareja que atraviesa cualquier tipo de crisis. No obstante eso, la Biblia contiene la sabiduría suficiente como para saber cómo manejar todas las situaciones, desde los pequeños problemas hasta las grandes crisis. Aun si el matrimonio se deshace en pedazos, podemos llevar esas piezas a Dios, aplicar los principios que vemos en las Escrituras y observar cómo Él lleva a cabo una obra sobrenatural de restauración.

Los diez mandamientos enunciados en este libro se basan en los principios divinos, en la perfecta verdad confiable de Dios. La clave para usar los principios divinos en su matrimonio es asegurarse no solo de leerlos sino de también aplicarlos a cada aspecto del matrimonio.

Cuidado con las «canciones de amor»

Es lamentable que muchos de nosotros seamos como las personas acerca de las cuales Dios advirtió a Ezequiel. El profeta enseñó al pueblo los principios de vida de Dios. Los del pueblo se decían unos a otros: «Vamos a escuchar el mensaje que nos envía el Señor». Sin embargo Dios le dijo a Ezequiel lo que sucedía en realidad:

Se te acercan en masa, y se sientan delante de ti y escuchan tus palabras, pero luego no las practican. Me halagan de labios para afuera, pero después sólo buscan las ganancias injustas. En realidad, tú eres para ellos tan sólo alguien que entona canciones de amor con una voz hermosa, y que toca bien un instrumento; oyen tus palabras, pero no las ponen en práctica. No obstante, cuando todo esto suceda —y en verdad está a punto de cumplirse—, sabrán que hubo un profeta entre ellos (Ezequiel 33:31-33, NVI).

Dios nos advierte lo mismo hoy en día. Si bien puede ser que algunos feliciten al pastor por su mensaje e incluso inviten personas a asistir a la iglesia, muchos son como si escucharan «canciones de amor». Se entretienen, se sienten bien, pero no se apropian de los principios que han escuchado ni los ponen en práctica.

No cometa el mismo error en su matrimonio. Escuche los principios divinos, asegúrese de comprenderlos y póngalos en práctica. Entonces disfrutará de unas relaciones maravillosas que es lo que Dios desea.

UNIDOS AL CÓNYUGE

El ejemplo que di con anterioridad acerca del pegamento «superadherente» podría hacer creer que la unión marital significa que los esposos sean inseparables. No es así realmente. Eso no es lo que significa la palabra «unión», no necesitan estar físicamente juntos todo el tiempo. Además, ¿cuánto tiempo podrían hacer semejante cosa? Lo que tienen que tener unidos son sus corazones.

Puede que suene algo cursi. Sin embargo, puedo asegurarle que Jo Beth está siempre presente en mi corazón y yo en el de ella. Lo que para ella es importante, también lo es para mí. Lo que a mí me preocupa, también le preocupa a ella. Si la insultan, es como si me insultaran a mí. Si estoy dolido, ella también. Nos damos fuerza mutuamente, nos animamos, nos apoyamos. En otras palabras, estamos unidos en las buenas y en las malas. Somos compañeros del pacto. Así como Eva hizo que Adán fuera un hombre completo, Jo Beth hace lo propio con mi persona.

¿Qué sucede cuando dejamos a nuestros padres y a las personas, los problemas y los lugares del pasado y nos unimos al sagrado pacto matrimonial, a los principios divinos y a nuestro cónyuge? La respuesta es: *unidad*. Pasamos a ser una sola carne.

DOS QUE PASAN A SER UNO

Años atrás, cuando vivía en las montañas de Carolina del Norte, algunos hombres de la iglesia me hablaron de ir a una cacería de osos. Una vez que llegamos a la punta del risco y después que me acomodé, comencé a rogar que *no* apareciera un oso.

El panorama desde esa altura era fabuloso. Miré hacia el valle y pude observar dos arroyos que se unían para formar un río bellísimo. Uno de los arroyos arrastraba detritos de la montaña como consecuencia de la nieve derretida. El otro arrastraba algún tipo de lodo. Me detuve a contemplar estos dos pequeños hilos de agua que fluían con lentitud hasta que se encontraban. En el exacto punto de convergencia, estos dos hilitos de agua se arremolinaban y se veía un crepitar de espuma blanca.

Ya no eran más arroyos susurrantes y pacíficos sino que se habían convertido en un estruendoso rápido. Cada arroyo traía sedimentos que arrastraba a lo largo del recorrido por la montaña, pero al observar más allá de los rápidos donde ambos se habían convertido en un solo río, se veían aguas serenas, limpias y cristalinas que fluían en armonía.

Lo mismo ocurre con el matrimonio. Cuando dos personas pasan a ser una puede haber una convergencia explosiva hasta que logran adaptarse a las nuevas relaciones. Sin embargo, cuando avanzan sucede algo maravilloso: pasan a ser uno.

Para poder gozar de ser uno en el matrimonio, debemos hacer todo lo posible por unirnos a nuestro cónyuge en el aspecto físico, espiritual y emocional. Será sabio hacerlo de la manera en que Dios lo planeó cuando dijo: «Por tanto, dejará el hombre a su padre y a su madre, y se unirá a su mujer, y serán una sola carne» (RVR 1960). Esa es la imagen que Dios tiene de la verdadera unidad que debe existir en un matrimonio. A medida que avancemos en el principio divino de dejar y unirnos, cumpliremos la promesa de ser uno.

Siempre funciona.

REFLEXIONEN SOBRE SUS RELACIONES

Si es casado:

1. De quién dependía más antes de casarse?

2. ¿De qué manera ha afectado su matrimonio esas relaciones previas?

3. Describa el lazo que más lo une a su cónyuge

4. Qué cosas específicas necesita dejar para poder intensificar los lazos que lo unen a su cónyuge?

Si está por casarse:

1. ¿De quién depende más en este momento?

2. ¿De qué manera van a cambiar esas relaciones una vez que se case?

3. Describa aquellos aspectos de la vida en que usted y su pareja han crecido juntos durante el noviazgo.

4. ¿Qué cosas deben ir dejando atrás al prepararse para el matrimonio?

UN
COMENTARIO
PERSONAL

Mantendrás una comunicación fluida

Hombres, he escrito este capítulo pensando en ustedes. Las mujeres, por lo general, se destacan en el arte de la comunicación mientras los hombres solemos ser los duros que se mantienen silenciosos, o por lo menos lo aparentamos. Dejen que sus esposas sepan lo que les pasa. Este mandamiento tiene mucho que ver con que su cónyuge sea su mejor amiga. La recomendación, entonces, es: ¡aprendan a comunicarse!

—E. Y.

Mandamiento 3

MANTENDRÁS UNA COMUNICACIÓN FLUIDA

A los pocos días de haber comenzado la luna de miel, Roberto y Alicia tuvieron un encontronazo. Alicia se encerró en sí misma y rechazó todo intento de Roberto de discutir el asunto. Cada vez que intentaba que ella se sincerara, le respondía de manera cortante: «Estoy bien».

Por último, Roberto le explicó con toda calma a su reciente esposa que así las cosas no iban a funcionar. Luego de conversar sobre el tema, llegaron a un rápido pero difícil acuerdo: jamás usarían el silencio el uno contra el otro. Acordaron que si bien llegaría el momento en que deberían posponer la discusión hasta que se calmaran, bajo ninguna circunstancia usarían el silencio como un arma. A partir de entonces, hicieron que la comunicación fluida fuera una prioridad.

Roberto y Alicia cumplieron lo acordado y, como resultado, disfrutaron de más de tres décadas de un feliz matrimonio. A través de los años Alicia manifestó a muchos de sus amigos cuánto valoraba que Roberto tomara la iniciativa al inicio de su matrimonio de insistir acerca de la importancia de una comunicación fluida y sincera.

EL FACTOR CRÍTICO

La gente brinda todo tipo de explicaciones de por qué creen que cierto matrimonio va a andar bien:

- «Tienen muchas cosas en común».
- «Ambos provienen de buenas familias».
- «Los dos son buenos cristianos».

Ahora bien, todas estas son buenas razones y pueden contribuir a que le vaya bien a la pareja. Sin embargo, estoy convencido de que existe un factor por encima de todos que puede hacer que un matrimonio resulte o se destruya. Si una pareja hace que esto sea una prioridad en su vida disfrutarán de unas relaciones íntimas y significativas por el resto de sus días. Si se niegan a ponerlo en práctica, tienen grandes posibilidades de que su unión sea desastrosa y que el matrimonio fracase por completo. ¿De qué estamos hablando? De la *comunicación*.

Si conversa con varias parejas felices, observará que tienen algo en común: una buena comunicación. Por otro lado, si realiza una encuesta entre personas divorciadas hallará que una falla en la comunicación subyace en la mayoría de las rupturas matrimoniales. Por supuesto que escuchará acerca de infidelidades y de diferencias irreconciliables entre toda una gama de razones. Sin embargo, en la mayoría de los casos, cuando uno indaga un poco más, advierte que todos esos motivos provienen en el fondo de un problema central: una comunicación deficiente.

Si pudiera estar junto a mí cuando escucho a las parejas que han sido infelices por mucho tiempo o que se han divorciado, escucharía preguntas como estas:

«¿Cuándo fue que dejamos de dialogar?»

«¿Por qué no conversamos más como lo hacíamos antes?»

«¿En qué nos equivocamos?»

Son muchas las parejas que inconscientemente creen que desde el momento en que dicen: «Sí, acepto» y comienzan a vivir bajo el mismo techo, a comer en la misma mesa y a dormir en la misma cama, automáticamente van a tener cada vez más intimidad. Sin embargo, la realidad indica que si esas dos personas no se comunican entre sí y solo se limitan a compartir espacios adyacentes, no mejorarán la unión, sino la separación. Lograr una buena comunicación entre los esposos requiere de tiempo y esfuerzo. Además es algo de tanta importancia que lo he colocado como el tercer mandamiento del matrimonio: *Mantendrás una comunicación fluida*.

COMPRENSIÓN DE LA COMUNICACIÓN MATRIMONIAL

Debido a que muchos de nosotros no comprendemos los fundamentos de una buena comunicación, no es de extrañar que nos sintamos «atados de pies y manos» al intentar introducirla y mantenerla en nuestros hogares. Es probable que la mayoría defina a la comunicación como «el intercambio de información a través del uso de palabras». Dicho de otra manera, si dos personas hablan, se estarán comunicando.

No hay dudas de que una buena comunicación requiere del uso de palabras, pero hay mucho más que eso.

Los factores no verbales como el tono de voz, la expresión facial y el lenguaje corporal pueden afectar mucho más la comunicación que la elección de las palabras. Supongamos que yo digo lo siguiente con un tono de voz sincero y una postura amigable: «Hace mucho que no me encuentro con alguien tan amable como tú». En ese caso, mis palabras se pueden interpretar como una opinión sincera de mi parte. Sin embargo, ¿qué pasaría si expreso lo mismo pero con otro tono de voz y otra postura corporal cargada de cierto sarcasmo? Estaría enviando un mensaje completamente diferente. Lo que en realidad estaría expresando es: «No me he encontrado con nadie amable en mucho tiempo y tú eres la persona menos amable de todas las que me he encontrado».

Dado que la comunicación es mucho más que el intercambio verbal de información, establecer un diálogo efectivo puede ser una tarea compleja que implica un gran desafío. Por lo tanto, analicemos primero lo que dificulta una buena comunicación. Luego, consideraremos algunos principios para lograr una comunicación efectiva y significativa.

OBSTÁCULOS PARA UNA BUENA COMUNICACIÓN

Comencemos por el principio: remitámonos al jardín del Edén. Las cosas jamás volvieron a ser como antes desde que Adán y Eva cayeron de cabeza en el pecado.

Para provocar la «caída», la serpiente usó la comunicación negativa que se llama engaño (Génesis 3:1,4-5). Empleó una pregunta retórica: «¿Es verdad que Dios les dijo que no comieran...?», para engañar a Eva. Además, torció las palabras de Dios de manera que pareciera que les había prohibido comer de todos los árboles. Por último, mintió acerca de las consecuencias y de los motivos divinos. Cuando Eva fue embaucada y comió de la fruta prohibida, animó a Adán a que también comiera. ¡Las verdades a medias, la manipulación y la mentira descarada han sido herramientas de la comunicación entre las personas desde entonces!

Para poder mejorar la comunicación, la pareja necesita considerar los obstáculos que la impiden. Existe un gran número de actividades o compromisos que consumen el tiempo y la energía de la pareja y les impide una comunicación plena y profunda. Aun las cosas más positivas y valiosas pueden hacer que nuestro tiempo y nuestras energías se esfumen.

Los compromisos

Una reciente encuesta de opinión indicó que 61% de las personas darían dinero con tal de tener más tiempo[1]. Lamentablemente, muchos esposos y esposas han sacrificado sus matrimonios por ser fieles a los compromisos.

Es verdad que vivimos en un mundo muy agitado que jamás se detiene sino que avanza cada vez a mayor velocidad. El trabajo, los compromisos, los mandados, las salidas, los chicos, los parientes... todo esto y mucho más contribuye a la ausencia de comunicación entre los esposos.

Muchos matrimonios parecen felices y saludables sencillamente porque tanto el hombre como la mujer están en muchas actividades. Sin embargo, una pareja puede sentir que no tiene tiempo, energía ni ganas y es entonces cuando algo que vaya un poco más allá de la comunicación básica parece prácticamente imposible.

No puede haber una comunicación saludable ni próspera en un matrimonio en el cual los integrantes no separan un tiempo para estar juntos. Si no pueden cimentar una buena comunicación, tampoco podrán cimentar su matrimonio.

Los hijos

Si bien los hijos son sin duda el resultado más importante de la intimidad matrimonial, también pueden convertirse en el mayor obstáculo. Los hijos traen gran bendición a la pareja si bien también acarrean grandes responsabilidades. Tal vez sea la mayor responsabilidad que Dios pone sobre los hombros de la pareja. Los padres son los encargados de proveer la fuente primaria de sostén a estos pequeños seres humanos durante la mayor parte de dos décadas o tal vez más. No existe ninguna duda de que los hijos hacen que sea más difícil hallar tiempo para la comunicación y la intimidad de la pareja.

No existe una criatura en el planeta tierra que sea tan demandante como un bebé. Si no lo cree, pregúntele a cualquier padre reciente. Mi hijo Cliff y su esposa, Danielle, acaban de tener a su segunda hija. A decir verdad, cuidar de Susannah ¡es como un empleo a tiempo completo! Tienen que alimentarla, cambiar los pañales, bañarla, demostrarle cariño aun en la mitad de la noche... Y mientras tanto, tienen que cuidar también de Rachel de dos años. Aun cuando Susannah crezca y madure, seguirá requiriendo mucha atención. Lo que cambia es el *tipo* de atención, no la cantidad.

Así como los bebés, también los niños requieren un cuidado constante. Cuando comienzan a caminar y a ir al jardín de niños necesitan ayuda para desarrollar el habla, para aprender las primeras letras y para aprender a interactuar socialmente con otros. Durante la época de escuela, necesitan apoyo emocional y educativo. Y cuando aparecen los años de la adolescencia, los padres necesitan interminables horas para prodigarles todo tipo de consejos y de apoyo.

Los buenos padres saben que cuando un bebé llora porque tiene hambre, ellos no pueden responder: «Ahora no, ¡estoy durmiendo!». Cuando el hijo de cuarto grado pide ayuda con un problema de matemática, un buen padre no lo sacará de en medio diciendo: «¡Arréglatelas solo!». Tampoco dejarán pasar la oportunidad de conversar con el hijo adolescente cuando este desea contar algún problema personal que tiene en la escuela o desea pedir consejo acerca de unas relaciones. Cuando un hijo necesita atención, y la necesitan con frecuencia, un buen padre siempre va a prodigársela a toda costa.

Esto hace que uno le reste tiempo al cónyuge. Es probable que la atención que requiere su hijo pueda conducirlo a que este sea el centro de su vida y deje por completo de lado la comunicación e intimidad marital.

Por último, cuando el menor de los hijos deja la casa, porque en algún momento lo hacen, se produce el «síndrome del nido vacío». He ahí cuando el esposo y la esposa se quedan con el tipo de relaciones que consiguieron construir mientras los hijos estaban en casa. De vez en cuando veo a alguna pareja que no saben de qué hablar, que no comparten absolutamente nada. Sin una tarea importante para hacer, estas parejas pueden tener serios problemas.

La televisión

Cada vez que menciono el tercer obstáculo en la comunicación pongo el dedo en la llaga. Es asombroso y hasta alarmante cómo muchas personas parecen no poder subsistir sin la televisión.

Stephen Seplow y Jonathan Storm, redactores del periódico *The Philadelphia Inquirer*, informaron que «alrededor del 40% de las horas que no se dedican a trabajar, comer, dormir o hacer las tareas de la casa» se emplean para ver televisión. Destacan que una persona al final de su vida habrá pasado una *década* frente al televisor[2]. Nos guste o no, desde su aparición en escena hace alrededor de cincuenta años, la televisión ha ocupado un espacio central en nuestra cultura occidental.

No se precipite a sacar conclusiones, yo también miro televisión. Puedo encontrar muchas cosas positivas en la televisión.

Es una «ventana» al mundo y una herramienta educativa. Tampoco hay nada de malo con distraerse viendo algo de vez en cuando. Sin embargo, cuando la televisión pasa a ser un escape que adormece la mente o interfiere con nuestras relaciones, cruza la línea que la convierte en una adicción destructiva.

¿Alguien sabe cuántos adictos a la televisión hay? ¿Son cientos o miles? ¿O tal vez millones? ¿Podría ser usted uno de ellos? Para descubrirlo, haga el siguiente experimento: desconecte el televisor durante una semana. Si usted está acostumbrado a llegar a casa, tirarse en un sillón cómodo con un plato de comida sobre las piernas mientras con la mano toma el control remoto para disfrutar de un rato cambiando canales, puedo decirle que le costará apagar el televisor. Sin embargo, hágalo de todos modos. Y luego, salga de caminata con su pareja y conversen de todo un poco.

El temor al conflicto

Si en un matrimonio nunca hay conflicto es porque no se están comunicando. El conflicto es una parte normal de todo matrimonio. Mientras ambos integrantes de la pareja se mantengan dispuestos a comunicarse, podrán resolver los conflictos e incluso crecer y aprender de ellos. Sin embargo, hay personas que permiten que el temor al conflicto o al enfrentamiento los prive de una comunicación efectiva con el otro, incluso con su cónyuge.

Supongamos que un hombre crece en un hogar donde los padres solucionan los conflictos o los desacuerdos según el volumen: el que grita más fuerte o rompe más platos, gana. Ese hombre tendrá miedo de comunicarse en forma franca porque asocia los desacuerdos con gritos o reacciones violentas. Tal vez haya una mujer a quien criaron en un hogar donde a su madre siempre la ofendían verbalmente o la trataban con sarcasmo. Cuando esa mujer se case, tendrá miedo de expresar lo que piensa o siente por temor a que la hieran o la humillen.

Los compromisos, los hijos, la televisión y el temor al conflicto son solo cuatro de los obstáculos más comunes que pueden enfrentar las parejas que desean una comunicación efectiva en su matrimonio. Si desean construir hogares sólidos y felices, ambos deben hallar la manera de sortear estos obstáculos. Los buenos matrimonios eliminan los obstáculos y se ocupan de apilar ladrillo sobre ladrillo en pro de una comunicación efectiva.

NIVELES DE COMUNICACIÓN

El Dr. David Mace, pionero en el campo del enriquecimiento matrimonial, escribió varios libros sobre cómo mejorar el matrimonio y sobre la comunicación matrimonial. En 1973 él y su esposa, Vera, fundaron la *Association for Couples in Marriage Enrichment (ACME)* [Asociación para parejas en enriquecimiento matrimonial] con el siguiente lema: «Trabajar por un mejor matrimonio, empezando por el propio».

El matrimonio Mace enfatizaba el compromiso con el crecimiento, la habilidad de hacer un uso adecuado del conflicto y un sistema de comunicación efectivo como claves para lograr una unión feliz. ACME insiste en que «las parejas deben acordar de antemano un sistema por el cual se hablen y se escuchen. Dado que la comunicación es algo que se aprende, lo que no aporte puede ser fácilmente suplantado por nuevas estrategias que ocupen el lugar de las que dificultan las relaciones»[3].

A través de su labor, Mace ha enfatizado la «comunicación profunda» entre los esposos. Él y otros consejeros matrimoniales han identificado diferentes niveles de comunicación entre cónyuges[4]. Es lamentable que la mayoría se comunique en el nivel uno, el más superficial de todos, aquel en el que se intercambian frases hechas. Analicemos cada nivel de comunicación:

1. Frases hechas

«¿Cómo te va?»

«¿Cómo estás?»

He descubierto que cuando alguien me saluda con alguna de estas frases hechas, en realidad no desea que le informe cómo me va realmente. En cierta oportunidad, detuve a la persona que me hizo esa pregunta y comencé a responder en detalle. Debería haber visto el pánico en su rostro mientras retrocedía y se excusaba diciendo que llegaría tarde a una cita. A decir verdad, no le recomiendo que lo intente porque lo puede llevar a una situación embarazosa. Sin embargo, yo necesitaba hacer la prueba para comprobar si lo que creía era cierto. Y lo era.

Cuando alguien le pregunta: «¿Cómo estás?», no desea en realidad saber cuál es su condición física, mental o espiritual. Solo intenta ser amable y saludarlo de una manera socialmente aceptable.

Las frases hechas y la conversación casual sirven para notar la presencia de alguien y carecen prácticamente de significado. Las usamos en los contactos ocasionales, laborales y con las personas que recién conocemos. No tienen mayor sentido que un apretón de manos.

Incluso los matrimonios más deteriorados se mueven dentro de este nivel elemental de comunicación, así como también nuestras amistades ocasionales.

2. Solo los hechos

El nivel que le sigue a las frases hechas es cuando se brinda información objetiva. En este nivel se comunican los hechos sin ninguna clase de interpretación, opinión o reacción emocional.

«Está lloviendo».

«La reunión es a las 10».

«Hay que cambiar el aceite del auto».

Toda relación saludable requiere del intercambio de información. La comunicación de los hechos ayuda a que la pareja pueda planificar desde cómo se va a vestir o qué irá a hacer determinado día hasta cómo van a cuidarse el uno al otro y a los hijos.

Si bien los esposos necesitan aprender a comunicarse los hechos de manera efectiva, será difícil que puedan mantener y menos aún hacer crecer un matrimonio saludable sobre esta base. Una relación personal de cualquier tipo para que sea saludable requiere que ambas partes se comuniquen en un nivel más profundo.

3. Opiniones y convicciones

Cuando transmitimos una opinión, le damos al que escucha una idea de qué nos motiva. En otras palabras, la persona descubre no solo lo que pensamos sino por qué. Nuestras frases de lo que opinamos o de nuestras convicciones reflejan nuestras creencias, lealtades y compromisos personales. Cuando comunicamos una opinión o una convicción establecemos un hecho y lo que creemos de ese hecho. La manera más frecuente de comunicar opiniones o convicciones es cuando comenzamos la frase con:

«Creo que...»

«Pienso que...»

«Me da la impresión de que...»

Si usted estuviera hablando sobre la reestructuración de la oficina, la simple enumeración de los hechos sería: «Enviaron a Guillermo a contaduría y Francisco ocupó su puesto». Sin embargo, usted puede comunicar su opinión si dice: «Creo que una vez que nos acostumbremos a Francisco, ese cambio hará que la oficina funcione mejor», o «No me parece bien la manera en que trataron a Guillermo».

En este nivel de comunicación suelen aparecer los conflictos. Cuando los cónyuges comienzan a compartir opiniones y convicciones, empiezan a aparecer los desacuerdos que pueden llegar a desencadenar una discusión. Esta situación no es necesariamente mala si ambos se respetan y resuelven sus diferencias con amor.

4. Los sentimientos

«¿Cómo te sientes?»

Este tipo de pregunta es capaz de hacer sudar a cualquier hombre. Parece ser que los hombres entramos en conflicto con este nivel de comunicación. Somos fabulosos a la hora de comunicar los hechos y no lo hacemos tan mal cuando se trata de emitir una opinión. Sin embargo, a la mayoría de nosotros nos cuesta compartir los sentimientos.

Conocemos los hechos, *creemos* en lo que opinamos, pero los sentimientos *se experimentan* y muchos de nosotros hemos perdido el contacto con esa experiencia. Imagine que usted le cuenta a su esposa ese asunto de la reestructuración en la oficina. Sus sentimientos en cuanto al reemplazo de Guillermo pueden ser de alivio, de alegría, de enojo o de desilusión. Hasta puede sentirse traicionado. Todo depende de su opinión y sentimientos personales hacia Guillermo o hacia la situación previa a la reestructuración. ¿Podría describirle lo que siente a su esposa?

En el nivel de los sentimientos, ingresamos a una «zona de peligro» en nuestras relaciones. La razón es la siguiente: comunicar nuestros sentimientos requiere que nos expongamos a ser vulnerables. Permitimos que nuestra esposa sepa que estamos felices, ansiosos, contrariados o enojados... y a veces ¡es por ella! Muchas personas casadas temen descubrir lo que sucede en realidad en el corazón del cónyuge.

Para poder crecer en nuestro matrimonio, debemos crecer en la comunicación. Y para poder crecer en la comunicación, debemos aprender a transmitir nuestros sentimientos con libertad y con sabiduría.

5. Comunicación de las necesidades

Alcanzamos el nivel más profundo de comunicación cuando comunicamos nuestras necesidades. Cualquier consejero matrimonial, sea cristiano o no, insistirá en la necesidad crucial para la psiquis humana de comunicar las necesidades. En especial las parejas casadas necesitan aprender cómo comunicarse a este nivel.

Afortunadamente, desde la infancia comunicamos nuestras necesidades de manera instintiva. Los bebés lloran cuando tienen hambre, cuando necesitan que los cambien o desean que los alcen. A medida que maduramos, aprendemos a verbalizar nuestras necesidades: «Mamá, tengo hambre». Cuando llegamos a la madurez, nuestras necesidades se hacen más complejas así como la manera de comunicarlas.

En el matrimonio, ambos deben aprender a comunicar las necesidades con tacto pero de una manera directa. Es en ese punto donde se da el toma y daca, esas mutuas concesiones que son de tanta importancia. Ambos esposos deben aprender a manifestar sus necesidades afectivas, la necesidad de estar tranquilos, de estar solos durante un tiempo, la necesidad de conversar, de recibir aliento y todas aquellas necesidades que Dios desea cubrir a través del matrimonio. Es en el marco de este nivel de comunicación que una pareja crea vínculos y lazos de armonía que los hacen ser uno.

EL MATRIMONIO ES COMO COMUNICARSE CON UN EXTRANJERO

Los hombres son de Marte, las mujeres son de Venus, un éxito de librería de John Gray, sacudió al mundo con la no muy perspicaz observación de que los hombres y las mujeres piensan y reaccionan de manera diferente ante las mismas situaciones.

¿Puede imaginarlo? Hombres que piensan diferente que las mujeres. A ciertos segmentos de la población puede molestarles que Dios haya ensamblado de manera distinta a los hombres y a las mujeres. Sin embargo, uno no necesita estar casado mucho tiempo para darse cuenta de que existen enormes diferencias en la manera de pensar y comunicarse de hombres y mujeres. Si bien yo no diría que provienen de planetas diferentes, voy a reconocer que por lo menos parecen provenir de países diferentes.

De la misma manera que pueden aparecer problemas cuando dos personas de diferentes países intentan comunicarse, también pueden surgir cuando lo intentan un hombre y una mujer. Eso depende del esfuerzo que cada uno haga por comprender al otro.

Hablamos de *extranjero* para referirnos a aquella persona que habla en otro idioma, que tiene una manera distinta de pensar y que tiene un trasfondo cultural diferente. Un hombre de Malasia será diferente a mí, ni mejor ni peor, sencillamente, somos distintos.

Con mi esposa sucede lo mismo. Si yo observara a Jo Beth desde mi perspectiva personal, diría que está mal «ensamblada». No solo luce diferente a mí sino que también piensa, razona y se comunica de una manera completamente diferente, como si fuera extranjera. Luego de algo más de cuatro décadas de matrimonio, me alegro de que Jo Beth sea diferente y agradezco a Dios que nos ha permitido compensarnos. Ella es fuerte en las cosas que yo soy débil y viceversa. No siempre nos ha sido fácil comunicarnos de manera efectiva con el «extranjero» con el que nos hemos casado, pero bien ha valido la pena el esfuerzo.

¿Cómo hay que comunicarse con un extranjero? Aquí presentamos dos pasos sencillos para que le ayuden a lograr una mejor comunicación con el «extranjero» con el que se casó.

Hablar con precisión y escuchar con atención

El primer paso podrá parecer muy evidente pero muchas parejas tienen problemas con esto. ¡Exprese lo que quiere decir! Existe una sola persona que puede controlar la manera de comunicarse y esa persona es usted. Muchas parejas tienen problemas de comunicación porque evitan el diálogo directo. No expresan lo que realmente quieren decir, lo que necesitan ni lo que desean.

Para muchas personas ese diálogo frontal es incómodo e incluso les produce temor. Tienen miedo de manifestar de manera exacta lo que necesitan o desean, entonces recurren a las «pistas» que a menudo pasan inadvertidas. Por otro lado, algunos llevan tan lejos eso de «ser francos» que manifiestan sus demandas sin tacto ni sensibilidad. Incluso otros hacen uso de la manera más disfuncional de comunicarse que son los exabruptos, arrebatos de ira o el tan temido «tratamiento del silencio». Sin embargo, no hay nada como una comunicación buena, sincera y franca.

Hace algunos años, mi esposa y yo viajábamos por la carretera cuando ella vio un anuncio de salida y dijo:

—¿No te gustaría parar a beber algo?

Yo pasé completamente por alto lo que ella intentaba transmitir y respondí:

—No, no tengo sed. Sigamos.

Media hora más tarde, al aproximarnos a otra salida, Jo Beth expresó de manera explícita lo que antes había comunicado en forma velada:

—Quisiera que paráramos a beber algo —anunció.

—¿Por qué no me dijiste antes? —le pregunté.

—Te pregunté si deseabas beber algo y esperaba que tú me preguntaras lo mismo —replicó.

En la mente de Jo Beth, decir «¿No te gustaría parar a beber algo?» significaba en realidad: «Quisiera que nos detengamos a beber algo». Sin embargo yo no lo escuché en ese sentido. Para mí, ella me había hecho una pregunta directa y yo di una respuesta también directa: «No, no tengo sed».

En cierto modo, la pregunta de mi esposa refleja un planteamiento generoso de su parte. Ella no tenía intenciones de manipular mi respuesta. Ella tenía sed y formuló su pregunta con miras a que yo respondiera: «Sí, querida, la verdad es que tengo sed. Me encantaría parar un momento y tomar una gaseosa».

No obstante, desde entonces Jo Beth aprendió que va a lograr mucho más de mí si va directo al punto y yo aprendí a escuchar con atención cuando ella expresa alguna de sus «sugerencias».

¿Desea usted algo de su pareja? Entonces, es su responsabilidad manifestarlo. Eso de dar «pistas» puede ser bueno cuando se acerca la Navidad y la compra de regalos, pero en la comunicación diaria y corriente necesitamos ser más directos.

Diga lo que quiere decir pero hágalo con tacto y sensibilidad. Desconfío un poco de aquellos que dicen: «Siempre digo lo que pienso. Conmigo no hace falta adivinar». Esa clase de personas va más allá de lo que es ser franco y directo para caer en la crueldad e incluso el abuso. Conozco matrimonios destruidos a causa de una comunicación directa más allá de todo límite.

El ser franco y directo al hablar es solo una mitad de la comunicación «franca y directa». El otro 50% es escuchar con atención. La única manera de poder tener el panorama completo es concentrarnos en las palabras tanto como en otras pistas, a saber: matices verbales, expresiones faciales y lenguaje corporal.

¡Saber escuchar es todo un trabajo! Significa escuchar con los oídos, observar con la vista, y comprender las acciones y reacciones del cónyuge. Sin esto no se puede lograr una comunicación franca.

Comprensión del «ensamble» de su cónyuge

El segundo paso consiste en saber cómo ha sido ensamblada su pareja. Es decir, cuál es la mejor manera en que entrega y recibe los mensajes. Nos referimos a si es una persona auditiva, visual o sensible.

Las personas *auditivas* tienden a comunicarse verbalmente. Emplean las palabras con cuidado y sufren al analizar el uso que los demás hacen de ellas. La persona auditiva necesita *escuchar* que la aman. Si su cónyuge entra en esta categoría, entonces deberá *decirle* a menudo: «Te amo». No hay nada en el mundo que pueda reemplazar la *música* de esas preciosas palabras.

Las personas *visuales* se hacen una imagen mental de una idea y la comunican mejor de manera visual. A esta clase de personas les gusta escuchar que les digan: «Te amo», pero desean *ver* que esas palabras se demuestran con acciones. Los hombres somos mayormente visuales.

Las personas *sensibles* perciben los mensajes aun cuando no exista comunicación verbal o visual. La persona sensible detecta el modo, la conducta y la postura. Percibe la comunicación no verbal de los otros y se comunica también de esa manera.

Un buen vendedor de autos puede demostrar los beneficios de reconocer y actuar según el patrón de comunicación de cada persona. Incluso puede llegar a detectar de manera instintiva lo que ese comprador potencial desea apenas atraviesa la puerta del local. Es probable que no lo analice de esta manera, pero para poder concretar la venta del automóvil, el vendedor necesita saber cómo se comunica mejor el cliente, si es de manera visual, auditiva o sensible.

El vendedor llevará al comprador visual hacia un automóvil impactante y llamativo. Apuntará a la apariencia del auto y a lo bien que se vería el cliente detrás del volante. De seguro destacará la estética interior: la combinación de colores, la apariencia del tablero, el fino cuero del tapizado... Una persona visual se verá tentada a comprar ese auto por su excelente apariencia.

El comprador auditivo, escuchará al auto: el rugido del motor, los cambios, el sonido de las puertas al cerrarse, los ruidos que se perciben en el interior cuando el vehículo circula y cómo se escuchan los parlantes. Este individuo no comprará el auto a menos que «suene» bien.

El comprador sensible prestará atención a la «imagen» del automóvil. Los fabricantes de automóviles dirigen la publicidad en especial a este tipo de comprador. La mayor parte de los avisos televisivos apelan a las emociones e intentan provocar sentimientos en el comprador potencial del automóvil. La mayoría de las veces, lo logran.

El buen vendedor de autos ha aprendido a identificar las diferentes formas de comunicación que ingresan a su negocio. ¿Se ha tomado usted el tiempo de identificar qué tipo de comunicación manifiesta su cónyuge? Cuando lo haga, estará en buen camino de lograr una comunicación más profunda, significativa y saludable en su matrimonio.

CÓMO ACTIVAR LA COMUNICACIÓN MATRIMONIAL

Otra manera de profundizar la comunicación matrimonial es asegurarse de que su cónyuge sepa cuánto lo ama. Dios nos ha creado para ser receptivos ante las palabras y actos de amor y devoción.

Piense por un instante cuántas veces en la Biblia Dios expresa su amor por todos nosotros. Somos valiosos para Él y Él se deleita en nosotros. Dios nos colma de cariño y en reiteradas ocasiones manifiesta su devoción personal hacia nosotros como hijos. De ahí que el pensar en Dios me conduce a Él y me hace desear comunicarme con Él como mi Padre que está en el cielo.

De igual manera, los cónyuges deben considerar prioritario el uso de palabras que confirmen el amor del uno por el otro. Esas palabras que salen del corazón proveen la base adecuada para un nuevo nivel de comunicación.

Un hombre que la Biblia identifica como el rey Lemuel escribió en cierta ocasión acerca de la esposa fiel: «Sus hijos se levantan y la felicitan; también su esposo la alaba: "Muchas mujeres han realizado proezas, pero tú las superas a todas"» (Proverbios 31:28). Lemuel quiso que su esposa supiera que si bien él podría haber elegido entre una amplia gama de mujeres nobles y elegantes, la había elegido a ella y que había elegido lo mejor de lo mejor.

¿De qué manera respondería a semejante declaración por parte de su cónyuge? Si supiera que su esposo o esposa lo ama tanto como para alardear de usted frente a los demás, ¿no se sentiría más que dispuesto a mantener una comunicación fluida y sincera en su matrimonio? No hay nada que cree un campo más propicio para una excelente comunicación matrimonial que derrochar elogios acerca de su cónyuge.

¿Pero cómo lo llevamos a cabo? ¿Cómo hacemos para enaltecer a nuestro cónyuge y darle la clase de aprobación que cada uno desea con ansiedad?

EL ELOGIO ES UNA COSA ESPLENDOROSA

La mayoría sabe cómo elogiar verbalmente, aun cuando no lo hagamos con la frecuencia que deberíamos. Sin embargo no debemos olvidar las innumerables maneras no verbales de manifestarnos.

El elogio no verbal incluye el lenguaje corporal, la mirada, los gestos. Una sonrisa o una mirada de amor puede hacer maravillas en la confirmación a su cónyuge de su amor genuino. Imagine cuántas líneas de comunicación se pueden abrir.

Ser creativo al elogiar no es tan difícil. Deje notas de amor por la casa para que su pareja las encuentre. ¡Mi esposa es fabulosa para eso! Siempre encuentro notas en el espejo del baño, en el cajón de las medias o en mi bolso de golf. No es nada demasiado elaborado, son solo unas cuantas palabras que expresan el amor y todo lo que ella siente por mí. Me encanta encontrar esas notas. Suelen aparecer cuando más las necesito. Es la manera en que ella me elogia y me comunica su amor.

Recomiendo la estrategia de pasar «buenos informes» acerca del cónyuge con los parientes o los amigos. Cuando decimos cosas buenas acerca de nuestra pareja, esos comentarios llegarán en algún momento a sus oídos. Cuando eso sucede, sabrá qué tan importante es para usted y el lugar especial que ocupa en su corazón.

Un dato importante al elogiar al otro: asegúrese de ser auténtico, de actuar para animar al otro y para tender nuevas líneas de comunicación. No permita que se filtren deseos egoístas en sus elogios. Y evite la adulación, no pronuncie palabras de elogio para obtener un beneficio personal.

¿Qué puede llegar a suceder cuando comenzamos a prodigar elogios a nuestro cónyuge? Hace algunos años leí acerca del poder del elogio en una columna de un periódico escrita por un consejero matrimonial al que llamaré Dr. Crane.

El Dr. Crane relataba que cierto día una mujer muy enojada había acudido a verlo.

—Mi esposo me ha herido tanto que no solo quiero divorciarme, quiero *vengarme*. Deseo herirlo... ¡lo voy a destruir!

El consejo del Dr. Crane posiblemente la sorprendió.

—Vaya a su casa y actúe como si lo amara. Llénelo de elogios, satisfágalo, anímelo, prepare sus comidas favoritas. Use todas las armas creativas que posea en su arsenal de formas de manifestar amor. Dígale que no puede resistirse a estar con él, que todo lo que hace y dice es fabuloso y original. Actúe como si estuviera perdidamente enamorada de él, loca por él. Dígale que para usted él es un héroe, un campeón y que él es todo para usted.

Le dijo a esta mujer que se entregara a él sin reservas y que una vez que hiciera eso, cuando lo hubiera cautivado con sus atenciones y él estuviera completamente convencido de que ella estaba loca por él diera el siguiente paso.

—Ataque por el otro flanco y dígale que lo odia, que va a buscar al mejor abogado de la ciudad para quitarle hasta el pellejo y que para cuando termine todo, va a quedar en la ruina —y el Dr. Crane prosiguió—. Cuando lo haga, hará que él pase el resto de su vida como un miserable porque jamás podrá encontrar alguien como usted.

¡Eso es lo que haré! —chilló la mujer.

Así fue que al llegar a su hogar fingió amar a su esposo. El Dr. Crane no supo nada de ella durante tres meses. Un día la llamó para preguntarle si estaba lista para iniciar la demanda de divorcio.

—¿Qué divorcio? —exclamó ella asombrada—. ¡Si me he casado con el hombre más maravilloso del mundo! ¿Por qué querría divorciarme?

Esto es lo que puede suceder si comenzamos a elogiar a nuestro cónyuge tanto con palabras como con acciones. Las líneas de comunicación severamente dañadas pueden comenzar a repararse y funcionar de nuevo. Incluso el matrimonio con mayores dificultades puede llegar a ser esa institución de amor y apoyo que Dios quiso que fuera.

UNA ESPOSA QUE VALE «OCHO VACAS»

Hace varios años leí un artículo de alguien que fue a visitar un archipiélago en el Pacífico Sur[5]. En todo lugar adonde iba este hombre escuchaba hablar de un tal Johnny Lingo. Sea lo que fuera que deseaba hacer, desde ir de pesca hasta comprar perlas, los isleños le indicarían que la persona que tenía que ir a ver era al tal Johnny Lingo. ¡Era como si Johnny Lingo fuera la respuesta a todas sus preguntas!

Sin embargo, notó algo raro. Cada vez que alababan a Johnny Lingo y describían sus habilidades se reían entre dientes y se hacían un guiño. Pasado cierto tiempo, el visitante se preguntaba: *Si es una persona tan maravillosa, ¿de qué se ríen?* Sin embargo, nadie divulgaba el secreto.

Por último, un lugareño decidió darle al escritor la «primicia» de este hijo favorito de la isla llamado Johnny Lingo. Era costumbre que el pretendiente comprara a su esposa y pagara con vacas al padre. Una o dos vacas eran suficiente para comprar una esposa común y corriente, pero si se pagaban cinco vacas era porque la mujer era una verdadera belleza.

Johnny era un hombre rico, pero así y todo había pagado ocho vacas por su esposa y eso ¡era demasiado! Sobre todo porque Sarita, la mujer no era nada del otro mundo. Era flacucha y caminaba con los hombros caídos y la cabeza gacha. Tenía miedo de su propia sombra. El hombre se rió y prosiguió:

—Jamás pudimos entender cómo un hombre como Johnny Lingo, el mejor comerciante de la isla, cayó en semejante trampa de pagar ocho vacas al viejo Sam Karoo por una esposa que vale una o dos vacas a lo sumo.

Tanto intrigó este relato al visitante que pidió una cita con Johnny Lingo. Cuando se encontraron, el famoso comerciante prodigó al visitante toda su hospitalidad. Conversaron durante un rato hasta que el invitado le preguntó acerca de la cifra inusual que había pagado por la esposa.

—Cada vez que se hable de arreglos matrimoniales, se recordará que Johnny Lingo pagó ocho vacas por Sarita —respondió Johnny.

Justo en ese momento ingresó a la pequeña cabaña una mujer de una belleza despampanante, la mujer más bella que el visitante había visto en su vida. Cada centímetro de su atractivo cuerpo exudaba belleza y encanto: la inclinación de su cabeza, su seguridad al caminar, su increíble sonrisa... todo en ella irradiaba un brillo especial.

Johnny observó al asombrado visitante y luego replicó:

—Hay muchas cosas que pueden cambiar a una mujer. Cosas que pasen en su interior o en su exterior. Sin embargo, lo más importante es lo que ella piense de sí misma. En Kiniwata, Sarita pensaba que no valía nada. Ahora sabe que vale mucho más que cualquier mujer de la isla[6].

Johnny había informado a todos bien fuerte y bien claro que amaba a Sarita y que se sentía orgulloso de hacerla su esposa. Eso demuestra que la comunicación chispeante que se manifiesta por medio de palabras y acciones amorosas puede lograr lo que nada más puede lograr. Surtió efecto en las islas y surtirá efecto también en su hogar.

REFLEXIONE SOBRE SUS RELACIONES

1. En una escala del 1 a 10, donde 1 es inexistente y 10 es insuperable, califique cómo es la comunicación en su matrimonio.

2. ¿Cómo son usted y su cónyuge para comunicarse sentimientos y necesidades entre sí?

3. Describa algunos obstáculos para la comunicación en su matrimonio.

4. ¿Cómo es su cónyuge? ¿Auditivo, visual o sensible? Según como sea, ¿de qué manera puede manifestarle mejor lo que siente?

UN COMENTARIO PERSONAL

Harás que el conflicto sea tu aliado

Los conflictos pueden destruir al matrimonio. Sin embargo, también pueden atraer una fresca brisa y una nueva vida a sus relaciones. El matrimonio puede hacerse más fuerte a través de los desacuerdos y las adversidades.

En ocasiones, el matrimonio es como un duelo. Cuando aprendemos a manejar los conflictos con éxito, ¿adivina qué? Se convierte en un dúo que produce una armonía casi divina. Entonces, a usted le toca decidir si su matrimonio será un duelo o un dúo.

—E. Y.

HARÁS QUE EL CONFLICTO
SEA TU ALIADO

Usted y su esposa nunca pelean, *¿no es cierto?* Desearía tener una moneda por cada persona que me ha formulado esta pregunta y otra por los tantos otros que lo creen. ¡Sería un hombre rico!

Jo Beth y yo llevamos de casados más de cuarenta años, así que se podría pensar que ya hemos pasado por todas las peleas y desacuerdos posibles. De seguro, luego de cuarenta años uno ya ha elaborado y arreglado todo. Bueno, no es tan así. De vez en cuando necesito recordarle a Jo Beth alguno de los principios. En realidad, eso no es verdad... ¡sucede *a cada rato!* Y son muchas más las veces que ella tiene que recordármelos a mí.

Estoy muy agradecido de que Jo Beth y yo tengamos un matrimonio sólido, pero tal como he admitido a lo largo de todo el libro, aún estamos creciendo en nuestras relaciones y hay cosas que todavía necesitamos elaborar. En ocasiones estamos de acuerdo y en otras, no. Debemos recordar que en el matrimonio son dos personas que pasan a ser una, por lo que en el punto justo en que se interceptan hay fricciones y tensiones.

DOS MITOS ACERCA DEL CONFLICTO

El cuarto mandamiento para un buen matrimonio es cuestionado por varias parejas. Dice así: *Harás que el conflicto sea tu aliado.*

La razón por la que las parejas cuestionan este mandamiento es debido a un par de mitos maritales que aún prevalecen. Por lo tanto, permítanme refutar estos mitos.

1. Los buenos matrimonios no tienen problemas

¿Ha peleado alguna vez con su cónyuge? ¿Ha reñido por algo? Si es así, lo felicito. Quiere decir que tiene un matrimonio perfectamente normal.

Algunas personas piensan que dos personas que se aman jamás sufrirán el mínimo conflicto. Eso no es verdad. Todo matrimonio *tendrá* conflictos, no importa lo bien que se lleven o la madurez espiritual que tengan. Es una parte normal del matrimonio. La pregunta es: ¿Cómo vamos a manejar estas batallas, discusiones, malentendidos, discrepancias y peleas? La respuesta correcta a esta pregunta es la que lo conducirá a unas relaciones maravillosas.

2. Los conflictos hacen daño a los buenos matrimonios

Los conflictos *no tienen* por qué causar daño a un matrimonio bien constituido. En realidad, los conflictos son una parte importante de todo buen matrimonio. Cuando los manejamos con sabiduría, pueden llevar a una mayor intimidad mientras que si se resuelven de manera inconveniente, pueden conducir al aislamiento. No podemos decidir cuándo tendremos un conflicto, pero sí cómo debemos manejarlo. Por lo tanto, ¿cuál es su decisión: intimidad o aislamiento?

En muchas maneras, el matrimonio es como dos puercoespines que sienten frío y se acercan en busca de calor. ¡*Habrá* un conflicto! Por supuesto, si permanecieran separados, no habría conflicto (y seguirían teniendo frío). Para que la unión de dos puercoespines dé resultado, hace falta negociar.

Algunas personas piensan que tienen un buen matrimonio porque nunca tuvieron un conflicto. ¿Cómo cree que resuelven el asunto? Le diré cómo: viven vidas independientes. «Tú haces lo tuyo y yo hago lo mío. Nos ponemos en contacto de vez en cuando para resolver cuestiones menores, pero en general mantenemos agendas separadas».

Cualquiera puede evitar el conflicto si vive como un puercoespín solitario. Sin embargo, si desea una verdadera intimidad, deben tomar decisiones en conjunto, moverse juntos, no como en un duelo, sino como en un dúo. Después de todo, dos puercoespines que se acercan deben aprender a relacionarse de manera cuidadosa ya que si no lo hacen así podrían hacerse mucho daño. Por eso, de este tipo de conflicto surge la verdadera intimidad que da como resultado un matrimonio sólido.

Todos los matrimonios, buenos y malos, tienen problemas. Y tanto en unos como en otros, esos problemas se parecen. La gran diferencia radica en cómo maneja el problema el buen matrimonio. La Biblia nos enseña: «Considérense muy dichosos cuando tengan que enfrentarse con diversas pruebas» (Santiago 1:2). ¿Por qué dichosos? Porque la prueba produce paciencia y la paciencia produce madurez (vv. 2-4).

CONFLICTOS BUENOS Y MALOS

Siempre me asombra la cantidad de personas con las que me encuentro que creen que el matrimonio les va a arreglar la vida y hará que todo ande bien. Y así tenemos a ese muchacho que le cuesta hacer amigos, tiene problemas laborales, le va mal en el colegio y tiene unas relaciones familiares conflictivas, y piensa que si se casa todo va a cambiar para bien. O a la muchacha que piensa que cuando diga: «Sí, acepto», su vida se va a transformar en un mundo de dicha «hasta que la muerte nos separe». ¿De dónde sacamos esa tonta idea?

La Biblia nos dice que el conflicto nos acompaña todo el tiempo desde el jardín del Edén. Cuando ingresó el pecado en el mundo, afectó en forma negativa todas las relaciones de todas las familias. No obstante, como ya dijimos, el conflicto en el matrimonio no siempre tiene que ver con el pecado. La presencia de problemas, tensiones o discusiones no necesariamente representan un peligro para el matrimonio.

Supongo que Adán y Eva habrán tenido algún buen conflicto antes de pecar. No me puedo imaginar a Adán sentado por allí diciéndole a Eva los nombres que había decidido darle a los animales y que ella no opinara de vez en cuando. Son dos personalidades distintas, ambos creados por Dios y sujetos a tener diferencias de opinión con el conflicto subsiguiente.

Sin embargo, hay conflictos buenos y malos. Hay conflictos *constructivos* y *destructivos*.

Supongamos que un hombre tiene un amigo que se llama Juan que está por cumplir años. Entonces le dice a su esposa:

—Querida, no nos vayamos a olvidar de enviarle una tarjeta a Juan. La semana que viene es su cumpleaños.

A lo que la esposa responde:

—Juan es uno de tus mejores amigos. Me parece que tendrías que comprarle un regalo y no una simple tarjeta.

—No... Él no espera un regalo de mí. Somos grandes. Con una tarjeta estará bien.

—Pero Juan no es un amigo cualquiera, es tu *mejor* amigo —replica ella—. Acuérdate que la semana pasada te invitó a la cancha.

—Bueno, sí... es cierto que somos grandes amigos —reconoce él—. Sin embargo cualquier cosa que no sea una tarjeta estará fuera de lugar.

—Escucha —insiste la esposa—. Cumple 40 años y es un momento duro para Juan, es una época de transición. Me parece que es una buena idea hacer algo adicional por él. ¿Acaso no estuvo a tu lado cuando falleció tu padre? Y desde entonces se convirtió en tu mano derecha. Por eso me parece que deberías comprarle un regalo, creo que lo hará feliz.

Dejaremos la conversación en este punto. He aquí un conflicto en marcha debido a una diferencia de opiniones. Analizaremos tres maneras en que se podría resolver este conflicto.

En primer lugar, el esposo podría decir: «Tienes razón, Juan *es* un amigo especial para mí y dado que cumple los cuarenta, ¿qué te parece que le podría comprar?».

En segundo lugar, podría responder: «No creo que tenga que comprarle algo por su cumpleaños, ya estamos grandes para eso. Sin embargo, si eso te hace feliz, cómprale algo y yo se lo doy».

En tercer lugar, podría contestar: «Estoy en total desacuerdo con eso de comprar un regalo para Juan. Es algo infantil y estúpido. ¡Qué ridículo! Y él es *mi* amigo, no *tu* amigo así que, no te metas. Y ahora tengo que salir. Siempre sales con alguna tontería como esta cuando estoy apurado». Y sale dando un portazo.

El primer caso ilustra una respuesta constructiva ante el conflicto. El esposo considera la sugerencia de la esposa y piensa: *Mi esposa sabe más que yo de estas cuestiones. Ella siempre se acuerda de los cumpleaños.* Entonces le dice: «Tienes razón». Su respuesta anima a la esposa a seguir aconsejándolo y la mayoría de los hombres necesitamos el consejo de nuestras esposas aunque no lo admitamos.

El segundo caso hace que ella se paralice. Si bien logra lo que se proponía (que Juan tuviera su regalo), la respuesta hace más daño que otra cosa porque ella no recibe el reconocimiento del esposo para aconsejarlo o ayudarlo de allí en lo adelante.

La tercera respuesta es absolutamente destructiva. La destierra del campo de batalla a la vez que emplea palabras hirientes que dañan la sensibilidad de la esposa como «infantil», «estúpida», «ridícula» y «tonta».

John Gottman, investigador de temas matrimoniales de la universidad de Washington, se ha dedicado a estudiar los conflictos en los matrimonios. Junto a su esposa, Julie, y el psicólogo investigador Sybil Carrere, Gottman desarrolló un criterio para predecir si un matrimonio puede o no sobrevivir. Gottman y su equipo informan que pueden realizar su predicción a los tres minutos de evaluación de la pareja.

Durante más de dos décadas el equipo de Gottman ha hecho el seguimiento de 700 parejas y pudo predecir con una precisión del 91% qué parejas se divorciarían. Solo al escuchar la manera de discutir de una pareja, según los especialistas, uno puede saber si un matrimonio va a perdurar o no. La evidencia revela que las parejas deben prestar atención a la forma de comunicarse, en especial cuando discuten o pelean[1].

En el ejemplo que dimos, la tercera respuesta del esposo cuadra en la categoría de destructiva porque ataca a la *persona* en vez de atacar el *problema*. Con el tiempo, esta clase de respuesta puede ser fatal para las relaciones matrimoniales.

¿De qué manera nos podemos preparar para usar los conflictos que son inevitables en todo matrimonio en un sentido constructivo en vez de lo contrario? Analicemos las trampas más importantes que debemos evitar.

LOS «NO» DE LOS CONFLICTOS

En los conflictos destructivos se emplean varias armas de guerra inadecuadas para «ganar» las batallas. Seremos capaces de interceptar muchos de estos conflictos si recordáramos los siguientes «no».

1. No se avergüence de su enojo.

Todo aquel que desee hacer algo en la vida, en algún momento se va a enojar. Si usted nunca se enoja, dudo de que haya logrado mucho como persona. Las cosas suceden y su opinión y conclusiones son importantes. Debemos recordar que el enojo no es el tema, pero sí lo es la manera de manejar el enojo.

Según habremos notado, en el matrimonio es común que los opuestos se atraigan. Vemos en la otra persona algo que no tenemos pero que nos gusta. A menudo son esas diferencias las que añaden brillo y creatividad a las relaciones.

Pero ¿qué sucede cuando un pendenciero se casa con un pacificador? Aquí tenemos a uno que se crió en un hogar que en cuanto aparece un conflicto «se van a las manos». En esos casos, ponen todo sobre la mesa y se arma la pelea. Todos les dicen a todos lo que piensan y eso suele terminar con algún ojo negro.

La esposa pacificadora es diferente. Cada vez que aparecía un conflicto en su casa todo el mundo permanecía en pasmoso silencio. *¡Shhh! No hables de eso, que no se sepa, ni lo menciones.* ¡Cualquier cosa con tal de mantener la paz familiar! Por lo tanto, en la edad adulta, ella huirá de todo tipo de conflicto o confrontación. Barre el problema bajo la alfombra y rehúsa reconocer su existencia.

Ahora veamos lo que sucede cuando se casan. El pendenciero ve un problema y grita: «¡Vamos a arreglar esto!» Mientras el pacificador pensará: *Ah, no... no quiero ni hablar de eso. Cualquier cosa menos eso. Mejor no hablemos.* De manera que se hace a un lado y evita el problema.

Entonces, ¿quién aparece entre el pendenciero y el pacificador? Demasiado a menudo es un niño de seis o siete años.

—Papá, a mamá no le gustan las peleas.

—No me interesa lo que le gusta a tu madre —gruñe el padre.

En ocasiones el pequeño se pondrá del lado del padre.

—Mamá, ya sabes que papá quiere hablar contigo. Tienes que hablarle.

—Yo no quiero hablar sobre eso, *no puedo* hacerlo —responde la madre.

Y así el niño se convierte en una pelota de ping-pong humana que va y viene entre los padres.

Quisiera señalar lo peor que puede pasar en este tipo de relaciones: la violencia. Destruye a la familia y en especial a los niños. Los hogares donde existe explotación y abuso tienden a formar a su vez hogares con explotación y abuso. ¡Jamás debemos admitir algo así! ¡Nunca! Si en su hogar se sufre este tipo de enojo, busque ayuda y consejería en la iglesia o en la comunidad. No olvide que aun los matrimonios violentos pueden ser sanados con la ayuda de personas comprensivas y de un Dios amoroso lleno de poder.

Si bien no debemos esconder el enojo, hay una mejor manera de expresarlo que nada tiene que ver con los golpes, los empujones, las bofetadas o los puñetazos. El enojo es algo bueno. La Biblia dice: «"Si se enojan, no pequen". No dejen que el sol se ponga estando aún enojados» (Efesios 4:26).

Claro que uno debe tener la madurez de manejar el enojo de manera adecuada y ahí es donde la mayoría yerra. Nos encendemos, nos enojamos y atacamos a la persona en vez de atacar el problema.

Las discusiones en las que los esposos expresan con sinceridad el enojo pueden ser terapéuticas. Cuando aparece un desacuerdo es cuando necesitamos asegurarle a nuestro cónyuge que lo amamos y que vamos a resolver juntos el conflicto. Esto es bueno y saludable, por lo tanto no tenga vergüenza de su enojo.

2. No use artillería pesada ni armas mortales.

Si bien expresar el enojo puede promover relaciones saludables, recuerde que no se trata de aniquilar a su cónyuge. Usted no desea en realidad una victoria completa e incondicional. Los que no se dan cuenta de esto hacen que el conflicto sea mayor y se llega al aislamiento más que a la intimidad. Así que, deje espacio para maniobrar.

Durante el operativo «Tormenta del desierto», la exitosa ofensiva durante la guerra del Golfo Pérsico en el año 1991, las fuerzas aliadas intentaron hacer el mínimo daño mientras lograban su objetivo. Fue durante esa guerra que los medios nos informaron acerca de las «bombas inteligentes» que podían dar en el blanco sin prácticamente dañar los alrededores. Los aliados reconocieron que existían los excesos.

En ocasiones, cuando discutimos con nuestra pareja, sacamos la artillería pesada. Solo que en vez de usar «bombas inteligentes» lanzamos los impredecibles «misiles Scud». «¡Me voy! —bramamos—. ¡Quiero el divorcio!» Copiamos lo que vemos en las discusiones de pareja por la televisión donde el esposo se para luego de proferir dos o tres palabras y sale airado de la habitación, dando un portazo. Entonces los esposos de la vida real piensan que esa es la manera de manejar los conflictos.

No, esa es la manera cobarde de hacerlo. Debemos permanecer en el ruedo y escuchar con atención y tener el valor suficiente como para enfrentar lo que sea que preocupa a nuestro cónyuge. Cualquiera puede huir. Los cobardes lo hacen todo el tiempo.

3. No ventile los trapitos sucios en público.

Hace algunos años me enteré de una fiesta de boda en el sur de California que terminó en desastre. En el medio de la fiesta, mientras trescientos invitados conversaban animadamente y recordaban viejos tiempos, la novia y el novio comenzaron una discusión bastante violenta. De repente, el novio tomó un trozo de la torta de bodas y lo lanzó en pleno rostro de la novia. De inmediato comenzó a volar comida por todas partes además de los golpes de puño que empezaron a verse entre los miembros de ambas familias, los amigos y demás invitados. Se armó un verdadero caos. Cuando llegó la policía, los novios habían desaparecido.

Puede ser un ejemplo extremo, pero sirve para ilustrar los peligros de ventilar los trapitos sucios en público. No hay que discutir los asuntos privados frente a los amigos, la familia o los socios. Además, tampoco debe abrir su corazón en cuanto a ciertas cuestiones frente a amigos, padres o confidentes. Eso no hará más que herir a su pareja y no ayudará en nada a resolver el conflicto marital.

4. No se acorrale.

Muchas veces, nos enredamos en nuestras propias palabras y quedamos acorralados. «Si no terminas con esto, llamaré a un abogado». Usamos frases y amenazas demasiado exageradas, amplias y dramáticas para controlar a nuestra pareja. Recurrimos a nuestro arsenal y salimos armados con algo que hasta el momento no habíamos sacado a relucir.

Se suele decir que en el amor y en la guerra todo vale *y no es así*. Si hubiera un árbitro en el matrimonio, haría sonar el silbato o agitaría una bandera roja ante este tipo de táctica. No se acorrale. No se ponga en una postura de la cual no haya retorno.

5. No use la coartada de la tortuga.

La tortuga, cuando encuentra un problema, se encierra en su caparazón, se agacha y se queda quieta. Muchos de nosotros actuamos como la tortuga ante el conflicto matrimonial. Nos encerramos en el silencio.

Claro que un poco de silencio no viene nada mal. En ocasiones necesitamos recapacitar y pensar por un momento. Otras veces, necesitamos tomarnos un respiro o una tregua.

Sin embargo, esas no son coartadas de tortuga. El que actúa como la tortuga piensa lo siguiente: *Me mantendré en silencio. No diré nada hasta que se disculpe* o, *No voy a contestar hasta que él no conteste primero.* De manera que ambos se acuestan a dormir, lo más separados que pueden, y tratan de ni siquiera tocarse entre sí.

Muchas veces nos negamos a enfrentar los pequeños conflictos del matrimonio. No queremos sacarlos a la luz y hablar de eso. Y con el paso del tiempo, esas piedrecitas se convierten en montañas. Así que, evite la coartada de la tortuga. Jamás descubrí una en un buen matrimonio.

6. No sea resentido.

Muchos de nosotros manejamos los conflictos basados en el resentimiento y exageramos las cosas. Tomamos una situación insignificante y la generalizamos de manera que la hacemos parecer como algo que ha existido desde el comienzo. Actuamos como la esposa que en medio de la pelea miró a su esposo y le dijo:

—Tienes todas las características de un perro, menos una.

—¿Cuál?

—Fidelidad.

Resulta gracioso, pero exagerado. Es una exageración tremenda. Sin embargo, muchos de nosotros hacemos exactamente lo mismo cuando estamos enojados. Nos apoyamos en el resentimiento y nos permitimos salirnos completamente de control.

7. No use la relación sexual como arma.

Algunos usan la relación sexual como un elemento de castigo o recompensa. Pueden llegar a decirle a su pareja: «No voy a tener relaciones sexuales contigo a menos que aclaremos las cosas». Lo que sucede cuando el sexo se usa para la manipulación es que toda la relación física se degenera. Muchos esposos se enojan o se deprimen porque sienten que tienen que ganarse la atención de la esposa.

Dicha arma puede desencadenar una «competencia de brazos». Muchos maridos han respondido: «Ya vas a ver. Encontraré amor en los brazos de otra mujer». Esto es lo que Jesús quiso decir cuando anunció: «Los que a hierro matan, a hierro mueren» (Mateo 26:52).

Tenga cuidado y preste atención a los «no» de los conflictos. Pasarlos por alto ha hecho que muchas parejas tomen un camino escabroso y desgarrador.

CUATRO FASES DEL SUFRIMIENTO

Cuando manejamos el conflicto de manera equivocada, se comienzan a acumular las tensiones en el hogar hasta que avanzamos por las cuatro fases del sufrimiento. Cada una de estas fases puede conducir al matrimonio a un distanciamiento cada vez mayor.

1. El corazón herido

Todos conocemos algo de esta fase. Herimos y nos hieren. En ocasiones ha sido intencional y en otras, sin intenciones. Si somos sensibles, nos damos cuenta cuándo nuestro cónyuge se siente herido. Sabemos cuándo algo no marcha del todo bien, cuando las cosas se han salido del carril. Ninguna persona casada puede afirmar que jamás se ha sentido herida.

Si uno no presta atención a este sentimiento del corazón herido, se convertirá en otra cosa.

2. El corazón de hielo

En esta segunda fase, puede que el esposo reconozca que su cónyuge tiene el corazón herido y comience a hablar con ella pero sin intentar resolver el conflicto. Se comunican pero sin poder resolver la cuestión. Por lo general, ese tipo de comunicación suena «amable». La pareja suele actuar con indiferencia. Él se convierte en el Sr. Hielo y ella en la Sra. Impasible. «El conflicto no me afecta». A medida que evitan el tema y el contacto entre ellos, se instala el corazón de hielo.

3. El corazón de piedra

La tercera fase representa un serio problema. Cuando uno tiene el corazón duro como piedra, entristece al Espíritu Santo. Uno tiene problemas para orar (véase Efesios 4:30; 1 Pedro 3:7) Cuando usted no está en buenas relaciones con su cónyuge, ¿cómo podría orar? El cielo parece estar bloqueado y Dios parece estar lejos. En la fase del corazón de piedra uno se vuelve duro como el metal. Mientras cumple con las formalidades, se pregunta si su matrimonio durará. Pueden aparecer todo tipo de conflictos pero su corazón estará tan duro y frío y tan ocupado en otra cosa que realmente no le importará.

Esto conduce a la última fase, que es la definitiva.

4. El corazón indiferente

Lo opuesto al amor no es el odio sino la apatía. Es la indiferencia, esa actitud de «nada me importa». Con el correr de los años he aconsejado a muchas parejas. En varias ocasiones he escuchado a hombres que declaran amargamente cuánto detestan a su esposa, y también he escuchado a esposas que manifiestan lo mismo. Dicen que no toleran esto o que desprecian lo otro. Luego de escucharlos por un rato, suelo preguntarles: «La sigue amando, ¿verdad?». Me miran con asombro y dicen: «¿Cómo puede decir una cosa así?». Es sencillo, me doy cuenta por el enojo que sienten. Hay esperanzas para esa pareja.

Por el otro lado, ¿qué sucede con la pareja que no demuestra más que apatía e indiferencia? A él no le importa, a ella no le importa... Pareciera que el amor se ha ido y que el matrimonio está destruido.

Eso es trágico. Y lo peor de todo es que el matrimonio ha caído en picada hasta la cuarta fase por un conflicto insignificante.

CÓMO HACER QUE EL CONFLICTO SEA CONSTRUCTIVO

Seamos prácticos y pensemos la manera de hacer que el conflicto sea *constructivo* para nuestro matrimonio.

En un momento de tregua entre conflictos es útil sentarse con la pareja a determinar el patrón de conflicto en el matrimonio. No deben hacerlo cuando todavía suena el redoblante y todo el mundo aún porta sus armas, sino cuando todo parezca estar en paz y relativa calma. Entonces siéntense y conversen. Hagan mantenimiento preventivo.

Pregúntense bajo cuáles circunstancias o momentos tienden a surgir los conflictos en su matrimonio. Identifiquen las áreas de tensión y conversen sobre lo que harán al respecto.

Veamos el caso de Julio y María. Parece ser que cada vez que salen juntos se desencadena la tercera guerra mundial. Ella se cansa enseguida y desea regresar a casa cuando la noche recién comienza. A él le cuesta engancharse y recién comienza a disfrutar cuando ella ya no se sostiene sobre sus pies.

—Vamos... —dice ella.

—No, quedémonos un rato más —exclama él.

Cada vez que salen, regresan enojados. ¿Qué deberían hacer?

En algún momento «neutral», deberían sentarse y analizar sus patrones de conducta. Ellos podrían acordar que los días en que fueran a salir de noche, María tomaría una breve siesta por la tarde. En segundo lugar, antes de asistir a un lugar sin horario fijo de finalización como una fiesta, podrían acordar a qué hora piensan regresar. Pronto se darían cuenta de que Julio no intenta agotar a su esposa ni que María trata de arruinarle la diversión. El problema se relaciona más bien con una diferencia de metabolismo y de personalidad. Por lo tanto, se ponen de acuerdo en algo que evitará futuros conflictos.

Parece algo simple, ¿verdad? Si lo pensamos, la mayoría de los conflictos matrimoniales no son mucho más complicados que este. Hallaremos soluciones aplicables a nuestras desavenencias si tan solo nos sentamos y las tratamos de manera razonable.

CUANDO SE PRESENTA LA BATALLA

Supongamos que no ha hecho «medicina preventiva» y se desencadena la batalla. ¿Qué puede hacer cuando ya se desencadenó el conflicto? Permítame hacer algunas sugerencias.

1. Hable y escuche a Dios.

¡Ore! Verbalice su conflicto ante Dios y espere su respuesta. Muchas veces comienzo a orar en el momento del conflicto: «Señor, haz que mis hijos cambien» o, «Señor, haz que mi esposa cambie». Cuando termino ese breve ruego, escucho la respuesta: «Lo intento, pero mientras tanto comencemos por cambiar al padre de tus niños y al esposo de tu mujer».

Antes de hacer cualquier cosa, hable con Dios... y escúchelo.

2. Intente comprender a su cónyuge.

¿Usted cree que es difícil comprender a su cónyuge? Yo lo dudo.

Teníamos un repartidor de periódicos que llegaba todas las mañanas a la misma hora. Todo el barrio podía predecir cuándo llegaría Gustavo, incluso los perros. La pandilla de perros salía de quién sabe dónde. Los ladridos, gruñidos y el batifondo que se armaba cada vez que corrían tras el pobre Gustavo eran algo increíble. Este traía consigo papeles, palos, piedras y lo que fuera con tal de alejar a los perros. Todas las mañanas era la misma algarabía.

Cierto día cambió el repartidor. En un primer momento, todos los perros salieron como de costumbre gruñendo y tratando de morder al muchacho como hacían con Gustavo. Sin embargo, este joven tenía otro plan. Comenzó a hablar con los perros de manera amigable. Sabía que en definitiva eran mascotas y no animales feroces. Él pensó que los perros sentían que él invadía su territorio y se daba cuenta de que en definitiva se sentían asustados e inseguros. Así que comenzó a acariciar a una de las pequeñas «bestias». Pasó una semana y acarició a otro de los perros. Por último, el más bravo de los perros del vecindario llegó a ser su mejor amigo. A partir de entonces, todos aquellos perros «fieros» salían corriendo agitando la cola cada vez que presentían la presencia del repartidor de periódicos. Estaban felices de verlo porque sabían que los iba a acariciar.

Estoy seguro de que nosotros somos más inteligentes que cualquier niño que reparte periódicos. Tenemos que comprender a nuestro cónyuge. ¿A qué le teme o qué lo inquieta? Piénselo por un momento. ¿Puede ser que su pareja se sienta insegura o que tal vez necesite un poco de cariño?

3. Intente comprenderse usted mismo.

Esta puede ser la tarea más ardua de todas. La mayoría de nosotros somos demasiado duros o demasiado blandos con nosotros mismos. Hágase la siguiente pregunta: «¿Por qué estoy nervioso? ¿Por qué dije eso? ¿Por qué actúo de esta manera? ¿Qué me pasa que traslado los problemas del trabajo a casa y los de casa al trabajo?».

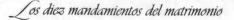

Sea sincero. Si necesita ayuda para comprenderse está bien que la solicite. En ocasiones otros ven lo que nosotros no podemos ver. Por eso la Biblia dice: «Los pensamientos humanos son aguas profundas; el que es inteligente los capta fácilmente» (Proverbios 20:5). Busque a alguien con discernimiento y pídale que le ayude a ver cuáles son sus fortalezas y sus debilidades. Tal vez pueda ayudarle a sacar las «aguas profundas» de su corazón.

4. Converse con su pareja.

Ninguna relación podrá prosperar sin una comunicación fluida y saludable. Cuando uno habla, debe asegurarse de elegir palabras positivas y edificantes.

¿Sabe cuál es la forma habitual de responder a los conflictos matrimoniales? Con palabras duras, con represalias, con insultos. Por ejemplo:

- «¿Por qué llevas el anillo de bodas en el dedo donde no debes llevarlo?», pregunta la esposa.

  «Porque me recuerda que me casé con la mujer con quien no debía haberme casado», responde el marido.

- «Tenemos un buen matrimonio, porque ambos amamos al mismo hombre: a ti», afirma la esposa.

- «Amas más al fútbol que a mí», reclama la esposa.

  «Puede ser, pero te amo más que al béisbol», replica el esposo.

- «¿Qué tienen usted y su esposo en común?», pregunta el consejero.

  «Una sola cosa: que ninguno de los dos se soporta», responde la mujer.

Puede que las frases sean humorísticas, pero sirven como ejemplo del denominador común en el que muchas parejas se hunden al intercambiar insulto por insulto e injuria por injuria.

El Salmo 143:1 ofrece una mejor opción. El salmista le pide a Dios que ponga en su boca un centinela. Nosotros también necesitamos orar: «Señor, ponme en la boca un centinela; un guardia a la puerta de mis labios». También podemos usar una dosis de Proverbios 15:1 que dice: «La respuesta amable calma el enojo». No debemos responder al insulto con otro insulto sino con una bendición. Necesitamos aprender a cambiar amargura por dulzura. Así que, elija sus palabras con cuidado.

5. No permita que el sol se ponga estando aún enojado.

Ya lo dijimos antes: no permita que la ira se degenere (ver Efesios 4:26). No permita que el enojo pase más allá de la fase del corazón herido. Esto no quiere decir que los esposos deben estar de acuerdo en todo. Significa que deben quedarse levantado varias noches con el propósito de no irse a acostar hasta haber arreglado las cosas.

Jo Beth y yo decidimos que nunca nos iríamos a dormir sin estar en paz el uno con el otro. Puede que el asunto no quede resuelto pero no permitimos que el enojo sea lo último que sintamos antes de irnos a dormir. Generalmente lo logramos cuando nos hacemos un «toque» con los dedos de los pies.

Cuando llega la hora de ir a la cama y seguimos enojados o estamos atravesando un conflicto, apagamos la luz y nos quedamos pensando en los cuatro primeros pasos: hable y escuche a Dios, intente comprender a su cónyuge, intente comprenderse usted mismo y converse con su pareja. Es así que mientras estamos allí, acostados en la oscuridad, oramos. Tratamos luego de pensar en el otro y en su forma de ser, y también analizamos nuestro interior. Pensamos en lo que se dijo y en cómo se dijo. Es asombroso cómo vamos avanzando por cada uno de estos pasos prácticamente a la misma vez.

Por último, llega el momento en que nos hacemos un «toque» con los dedos de los pies. Esa es nuestra manera de decir: «Te amo y sé que vamos a resolver este conflicto».

6. Haga que la confesión y el perdón sean una prioridad.

Una vez que ha completado los cuatro primeros pasos y se han dado el «toque» de pies, el paso siguiente es decir: «Querida, lo siento. ¿Me perdonas?». Estas palabras permiten que el conflicto abra las puertas a unas relaciones mucho más fuertes. A menudo, pedir perdón es todo lo que hace falta para que una pareja vuelva a unirse otra vez.

En un conflicto destructivo puede que uno u otro «gane», pero el matrimonio es el que pierde. Aprendamos a manejar los conflictos de manera constructiva. Cuando lo hacemos, no hay un «ganador», sino que la pareja sale ganando y sus relaciones salen fortalecidas.

APRENDA A CONTROLAR SUS REACCIONES

¿Ha pensado alguna vez que sus *reacciones* pueden tener un mayor efecto sobre su matrimonio que sus *acciones*? Las acciones son también de vital importancia ya que podemos ayudar o herir con nuestras acciones a quienes amamos. Ahora bien, aunque nuestras acciones sean las correctas, podemos llegar a destruir nuestro matrimonio por culpa de las reacciones inadecuadas.

Por ejemplo, si uno no miente, ni engaña, ni comete adulterio, ni roba, ni se emborracha, podría obtener una nota excelente en cuanto a su comportamiento. Sin embargo, ¿qué sucede si ante un conflicto, uno tiene un arranque de celos, de odio o de venganza? En sentido estricto, mis reacciones pueden causar un daño mayor (o mayor armonía, según sea el caso) que mis acciones.

Muchas veces, cuando reaccionamos de manera inadecuada solemos justificarnos: «No era yo. Sé que tengo mal carácter, pero no era yo...» Tengo una noticia que darle: Ese *sí* es usted. Nuestra manera de responder ante el conflicto revela nuestro verdadero yo.

Véalo de este modo. ¿Qué sucede cuando colocamos un saquito de té en una taza llena de agua caliente? El agua comienza a teñirse de color oscuro. ¿Por qué? ¿Acaso el agua caliente se tiñó sola? No. Ese color oscuro estaba dentro del saquito de té y el agua caliente lo único que hizo fue hacerlo surgir.

¿Y qué sucede cuando uno exprime un limón? Un jugo ácido comienza a salir. ¿Acaso la presión sobre el limón fue la que hizo que fuera ácido? No. La presión para exprimirlo lo único que hizo fue hacer salir toda esa acidez que el limón tenía adentro.

Del mismo modo, cuando nuestro matrimonio se ve «estrujado» o en «agua caliente», lo que brota es lo que tenemos adentro. De ahí que debamos trabajar no solo sobre nuestras acciones sino también sobre nuestras reacciones en los momentos de crisis.

«POR SUERTE PARA ÉL...»

Los conflictos llegan a todos los matrimonios, pero está en nosotros el utilizarlos de forma constructiva. Los conflictos en el hogar pueden conducirnos a fortalecer y profundizar nuestras relaciones con nuestro cónyuge y con Dios. Y eso conduce a la madurez.

Una muy querida abuela celebraba sus bodas de oro. Una de las hijas preguntó:

—Mamá, ¿cuál es la clave de la felicidad que tú y papá han disfrutado durante tantos años? Por favor, dinos tu secreto.

—Bueno —comenzó a decir—, cuando tu padre y yo nos casamos, hice una lista de diez cosas de su personalidad que pasaría por alto. Eran cosas que no me gustaban de él. Cuando avancé por el pasillo rumbo al altar, hice una promesa de que cuando alguna de esas diez cosas surgiera, yo las pasaría por alto en bien de la armonía matrimonial.

—Abuela —rogó una de las nietas—. Dinos lo que escribiste. ¿Cuáles eran esas diez cosas?

—A decir verdad, querida —respondió—, nunca las escribí, pero cada vez que tu abuelo hacía algo que me enfurecía, yo pensaba: *Por suerte para él, es una de las cosas de la lista.*

¿Cuáles son las «diez cosas» que lo enfurecen de su pareja? ¿Qué conducta u ocasión es la que crea mayores conflictos en su hogar? Sean cuales sean esas diez cosas en su caso, bien podría ser sabio en aplicar el método de esta abuela. En realidad, todos podríamos ser sabios en aplicarlo. De esa manera, nosotros también seguiremos en camino hacia las bodas de oro.

REFLEXIONE SOBRE SUS RELACIONES

Si es casado:

1. ¿Qué conflicto terminó fortaleciendo un punto débil de sus relaciones con su cónyuge?

2. ¿Es usted un pacificador o un pendenciero? Explique.

3. ¿En qué necesitamos cambiar para hacer que el conflicto sea nuestro aliado en vez de nuestro enemigo?

4. ¿De qué manera manejaban sus padres los conflictos cuando usted era niño y de qué manera lo afectó ese ejemplo?

Si está considerando casarse:

1. ¿Qué conflictos o tensiones enfrenta en sus relaciones? (Si le parece que no tienen conflictos, tal vez usted y su amado no están siendo lo suficientemente francos en cuanto a actitudes, preferencias o sentimientos).

2. ¿Se expresan mutua y francamente cuando están en desacuerdo con algo? ¿Por qué?

3. Converse con su pareja sobre aquellas cosas que crean tensiones. Ambos expresen su parecer.

4. Planifiquen juntos estrategias que usarán en el futuro para manejar los conflictos.

UN COMENTARIO PERSONAL

No te endeudarás

La manera de manejar el dinero es una simple cuestión de mayordomía. Dios es el propietario, el que coloca en nuestras manos la herencia. Este capítulo trata de cómo salir de las deudas y permanecer alejado de ellas.

—E. Y.

NO TE ENDEUDARÁS

No habían terminado de sonar las campanas de boda cuando una joven pareja de Carolina del Sur que conozco había decidido que necesitaban una casa más grande. Así fue que estos recién casados contrajeron una deuda hipotecaria enorme. Y no terminó allí.

Ambientes más espaciosos significó una mayor cantidad de muebles y lo último en equipamiento de todo tipo. También decidieron que su casa no se vería completa o no luciría como las demás de su zona si no contaba con un par de lujosos autos deportivos último modelo estacionados en la entrada.

Por último, creían haber alcanzado la apariencia, la imagen y a sentirse como una próspera pareja de buen nivel. Por supuesto que también como millones de otras parejas, se hundían cada vez más en las deudas.

Una noche, mientras disfrutaban de su enorme televisor de pantalla plana, vieron una publicidad que ofrecía la consolidación de las deudas. Llamaron al número que aparecía en pantalla y consolidaron todo el dinero que poseían en un nuevo préstamo «sencillo de pagar». Como pensaban que su deuda se había reducido de forma mágica, agregaron más gastos a la vez que vivían gracias a las tarjetas de crédito. No hizo falta mucho tiempo para que esta pareja terminara en la bancarrota.

El estrés financiero sumado a los problemas en sus relaciones hizo que comenzaran a pelearse y a discutir acerca del dinero (o la falta de este). ¿Le sorprende saber que terminaron divorciándose?

El certificado de divorcio probablemente presente como causal «la incompatibilidad». Esa es la palabra que se emplea en forma legal para indicar que una pareja no puede seguir junta. Cada vez que veo esa palabra, recuerdo a un hombre de Florida que me dijo que se divorciaba de su esposa por «*incomprabilidad*». Él no tenía ingresos suficientes y ella no podía comprar todo lo que quería.

La relación entre los *ingresos* y la *habilidad* para encarar las *compras* es una buena manera de describir lo que sucede en muchos matrimonios. La mayoría de los divorcios se relacionan con conflictos de dinero y sexuales, y a menudo de ambas cosas. Hablaremos de los conflictos sexuales en otro capítulo, mientras ahora nos concentraremos en los desafíos financieros de la pareja, en especial: las deudas. De ahí que nuestro quinto mandamiento sea: *No te endeudarás*.

LAS TENSIONES QUE ACARREA EL DINERO

Muchas de las tensiones del matrimonio provienen del ámbito financiero, aunque en ocasiones se manifiesten de otro modo. Gran parte de los consejeros matrimoniales piensan que más de la mitad de las rupturas son a causa del dinero, ya sea por tener demasiado, por tener poco, por una mala administración, por tener grandes deudas, por los intereses y todo el resto.

En los Estados Unidos, el 40% de los que reciben salarios son mujeres. Según ciertas estimaciones, las mujeres controlan el 65% de la riqueza y en un tercio de los hogares es la mujer la que se encarga de administrar el dinero, pagar las cuentas y controlar los gastos. Por esa razón, los promotores de tarjetas de crédito, que envían dos mil *millones* de solicitudes por año,[1] apuntan de manera tan agresiva al público femenino. Pregúntele a cualquier bancario o financista cristiano cuál es el monto de intereses que paga en realidad y ¡se quedará pasmado!

Cuando MasterCharge cambió su denominación por MasterCard, los empresarios quizás no notaron lo descriptivo que resulta el nuevo nombre [master=dominar]. Esa tarjeta y también las restantes ¡han logrado «dominar» a millones de personas!

Una universitaria le dijo a su amiga que se estaba por casar: «Espero que sean muy felices en su matrimonio». A lo que la amiga respondió: «Estoy segura de eso. Durante el año que hace que salimos no hemos tenido ningún problema, a excepción del tema del dinero. Por eso hemos acordado que cuando nos casemos jamás hablaremos de dinero».

En otras palabras: «Seremos felices hasta que las deudas nos separen».

UNA SOLUCIÓN SIMPLISTA

Muchas personas intentan dar solución al problema del dinero de manera simplista. Creen que si tuvieran más dinero, se solucionarían sus problemas. El caso de uno de los hombres más ricos de la historia echa por tierra ese mito. J. Paul Getty tenía más de cuatro mil millones cuando murió. Sin embargo, este hombre que se había casado cinco veces, comentó que envidiaba a las personas que disfrutaban de un buen matrimonio.

El obituario del *New York Times*, decía: «Para Getty su vida era los negocios. Una de sus esposas señaló no sin cierta mordacidad que los negocios eran su "primer amor" y que la riqueza no era más que un subproducto»[2].

¿Qué podemos aprender de los errores de Getty para lograr un buen matrimonio? Parte de la respuesta es la comprensión de lo que es el dinero. Aquí caben dos palabras: *mayordomía* y *presupuesto*.

UNA PALABRA PARA LA VIDA COTIDIANA

No debemos nunca dejar la palabra *mayordomía* para el mundo de los vitrales. La mayordomía tiene que informarnos y dirigir nuestra vida cotidiana.

Dejamos de entender lo que es el dinero y cómo se emplea cuando pensamos que es todo nuestro o que el 90% es nuestro y el 10% es el diezmo que corresponde a Dios. La realidad es que

Dios es dueño de *todo* y nos da *algo* para que lo usemos durante un tiempo. Dios nos hace encargados o administradores de sus posesiones. *La mayordomía se refiere a Dios como propietario y al ser humano como parte de esa sociedad.*

Jesús dijo: «Busquen primeramente el reino de Dios y su justicia, y todas estas cosas les serán añadidas» (Mateo 6:33). Cuando le damos la prioridad a las cosas del Padre, a las del Hijo y a las actividades de la iglesia de Dios, estamos invirtiendo en cosas eternas.

Que podamos cerrar la puerta a la tentación del materialismo no depende de cuánto dinero tengamos sino de la manera en que lo administramos. Si modificamos nuestra actitud posesiva por una actitud amplia de mayordomía estaremos cerrando la puerta a la tentación sobre las cosas materiales.

Las familias que replantean las prioridades disfrutan de una transformación notable. Si los esposos prometen lo siguiente: «Hoy vamos a ajustar, recalcular, volver a planificar y a reprogramar nuestro presupuesto para poner a Dios en primer lugar», estarán construyendo un grueso muro que los separa de la tentación de las posesiones materiales que podrían destruir su matrimonio y su familia.

EL PRESUPUESTO 10-70-20

La segunda palabra, *presupuesto*, puede ayudar también a aliviar los problemas asociados con las finanzas. Existen muchos planes para administrar el dinero. Hace algunos años encontré uno que me pareció práctico. Es sencillo y sirve en la mayoría de los casos, salvo en aquellos con ingresos demasiado bajos o sumamente altos. Se le llama «presupuesto 10-70-20»[3] y se trata de lo siguiente:

1. En primer lugar, tome la totalidad de su ingreso y descuente el diezmo y los impuestos relacionados con las ganancias. Varias personas me consultan si deben diezmar del ingreso

bruto o del ingreso neto. Debemos recordar que la Biblia nos dice que llevemos las «primicias de los frutos», no los frutos «con los descuentos y las deducciones de impuestos aplicadas». Así que, diezme del bruto y, por supuesto, pague los impuestos. Recordemos también que Jesús nos ordenó: «Denle al césar lo que es del césar» (Mateo 22:21).

2. Tome el 10% de lo que le quedó luego de apartar el diezmo y los impuestos y ahorre o invierta esa cifra.

3. Emplee el 70% para las necesidades diarias.

4. Aplique el 20% restante para reducir sus deudas. (Si ese 20% no alcanza a cubrir todo lo que debe, quizás deba pensar en una consolidación de deudas, pero sea cuidadoso en no endeudarse aún más).

La clave es tratar de vivir con el 70%. En algunos casos donde las finanzas son un caos puede que le lleve algún tiempo corregir esa situación. Sin embargo, esta fórmula de 10-70-20 puede aplicarse de inmediato para iniciar el proceso.

LA CODICIA

No hay nada que nos impulse tanto a meternos en deudas como la codicia. Puede definirse como bendiciones mal manejadas.

El deseo de acumular

Una pareja de la iglesia primitiva fue presa de la codicia y se desencadenó un desastre. Hallamos su historia en Hechos 5:

Un hombre llamado Ananías también vendió su propiedad y, en complicidad con su esposa Safira, se quedó con parte del dinero y puso el resto a disposición de los apóstoles.

—Ananías —le reclamó Pedro—, ¿cómo es posible que Satanás haya llenado tu corazón para que le mintieras al

Espíritu Santo y te quedaras con parte del dinero que recibiste por el terreno? ¿Acaso no era tuyo antes de venderlo? Y una vez vendido, ¿no estaba el dinero en tu poder? ¿Cómo se te ocurrió hacer esto? ¡No has mentido a los hombres sino a Dios!

Al oír estas palabras, Ananías cayó muerto. Y un gran temor se apoderó de todos los que se enteraron de lo sucedido. Entonces se acercaron los más jóvenes, envolvieron el cuerpo, se lo llevaron y le dieron sepultura.

Unas tres horas más tarde entró la esposa, sin saber lo que había ocurrido.

—Dime —le preguntó Pedro—, ¿vendieron ustedes el terreno por tal precio?

—Sí —dijo ella—, por tal precio.

—¿Por qué se pusieron de acuerdo para poner a prueba al Espíritu del Señor? —le recriminó Pedro—. ¡Mira! Los que sepultaron a tu esposo acaban de regresar y ahora te llevarán a ti.

En ese mismo instante ella cayó muerta a los pies de Pedro. Entonces entraron los jóvenes y, al verla muerta, se la llevaron y le dieron sepultura al lado de su esposo (Hechos 5:1-10)

Dios había bendecido a Ananías y Safira con una buena ganancia producto de la venta de unas tierras, pero ellos no estaban *dispuestos* a dar al máximo de sus posibilidades por la codicia. Quisieron conservar lo más que pudieron, si bien trataban de dar la falsa impresión de que estaban siendo tan generosos como podían.

La codicia hace que muchos hombres y mujeres de hoy en día piensen que *no pueden* dar en la medida que podrían. Esa manera de pensar los hunde cada vez más en el pozo de las deudas, lo que se transforma en un «motivo» para no dar.

«¿QUÉ HARÍA POR DIEZ MILLONES DE DÓLARES?»

James Patterson y Peter Kim se han encargado de hacer mediciones de todo tipo en cuanto a las actitudes de los habitantes de los Estados Unidos, incluso en cuanto a la codicia. Recorrieron el país preguntando: «¿Qué estaría dispuesto a hacer por diez millones de dólares?» Muchos respondieron que serían capaces de hacer alguna o varias de las siguientes opciones:

- abandonar a la familia (25%)
- dejar la iglesia (25%)
- prostituirse durante una semana (23%)
- abandonar su ciudadanía (16%)
- dejar a su cónyuge (16%)
- dar falso testimonio para liberar a un homicida (10%)
- matar a un extranjero (7%)
- dar a sus hijos en adopción (3%)[4]

CÓMO LIBRARSE DE LA CODICIA

Mi hijo mayor, Ed, es pastor de la Iglesia Fellowship en Grapevine, Texas. En una serie de mensajes que más tarde publicó en forma de libro, describió cuatro maneras de liberarse de la codicia:[5]

1. Aprenda a admirar sin desear.

Cuando vea algo que lo atrae en una vidriera, aprenda a decir: «¡Qué hermoso!» en vez de decir: «¡Qué hermoso, lo quiero comprar!». Las parejas que desarrollan esta habilidad evitan meterse en deudas porque han dominado la codicia.

2. Aprenda a sacarse cosas de encima.

Cada tres meses, Ed regala algo que valora. ¡Qué práctica maravillosa digna de imitar! Ed afirma que lo ayuda a mantenerse libre de la codicia y a colocar las cosas en su justa perspectiva.

Cuando cursé el primer año en la universidad de Alabama asistía también a la Primera Iglesia Bautista de Tuscaloosa que estaba en construcción. El liderazgo solicitó compromisos de aportes para el proyecto a los miembros, por lo cual los visitó casa por casa. Luego de considerar el pedido, sentí que debía comprometerme a una cifra tan importante para mi magro presupuesto que fuera algo inalcanzable para mí. La única manera de contribuir era confiar en Dios por la suma que había prometido aportar.

A fines de ese año, Dios me llamó al ministerio a tiempo completo. Por lo tanto, debía cambiar de universidad. Cuando comencé a empacar mis cosas, me encontré la tarjeta con ese compromiso que había hecho. Ya había pagado durante todo un año y me faltaban dos. Me fijé en el saldo de mi cuenta y tenía allí apenas un poco más de lo que necesitaba para saldar mi compromiso.

Comencé a pensar en que me mudaba y no sería más miembro de esa congregación. ¡Quién sabe dónde estaría de ahí a dos años! Sin embargo, no me podía deshacer de ese compromiso. No era cuestión de tirar o esconder esa tarjeta. Así que, antes de partir, extendí un cheque por el monto de los aportes correspondientes a los dos años que restaban según el compromiso que había hecho. Ofrendé prácticamente hasta el último centavo que tenía.

Cuando hice esto, crucifiqué la codicia que me tentaba con la posibilidad de eludir mi compromiso.

3. Aprenda a ser generoso para con Dios.

Mientras Ananías y Safira fueron condenados por su mal manejo de las finanzas, Zaqueo, que era un hombre también codicioso, encontró quién lo liberara de esa trampa. Jesús causó tal impacto en la vida de este tramposo que inmediatamente dio la mitad de sus posesiones a los pobres y devolvió a cada uno de los que había defraudado. Jesús respondió a su entrega con estas palabras: «Hoy ha llegado la salvación a esta casa» (Lucas 19:9).

El dar no fue lo que salvó a Zaqueo. Sin embargo era una muestra de que había dado las espaldas a la codicia y había pasado a ser un hombre nuevo en Cristo. Había comenzado a acercarse al tipo de generosidad que Dios desea de sus hijos.

4. Aprenda la realidad de la muerte con relación a las cosas.

Me gusta la manera en que Ed lo expresa: «La muerte marca el fracaso final de las cosas. Podemos andar ostentando nuestro dinero mientras andamos por este mundo, pero no podemos llevarnos nada».

Una vez recibí una carta de un hombre que había comprendido la importancia de la muerte con respecto a las posesiones. Decía así:

Era miembro de un grupo formado por mil miembros donde cada uno entregaba un millón de dólares para el cumplimiento de la Gran Comisión. Luego de varios años de estar retirado y disfrutando de la vida, regresé al negocio del petróleo y a las inversiones en bienes raíces. Mi esposa y yo siempre habíamos dado una mínima parte del diezmo, pero hacía un tiempo que dábamos el 50% de nuestros ingresos. Sin embargo, no nos fue bien.

Como ya sabe, el negocio del petróleo y el inmobiliario sufrieron mucho a mediados y a finales de la década del 1980. Perdí la mayor parte de lo que pensaba que sería una pensión para toda la vida. Usted narró esa anécdota de J. P. Getty que al mirar a través del vidrio de la ventana veía la gente pero al mirar a un espejo solo se veía a sí mismo. La enseñanza era que cuando uno añade un poco de plata al vidrio, dejamos de ver a los demás para ver nuestra imagen. Eso fue lo que ocurrió conmigo.

Comencé a pensar solo en mí y a maravillarme de lo que había logrado. Si bien seguí ofrendando con fidelidad, eso era sin valor a causa de lo orgulloso que me sentía por hacerlo. El Señor tuvo que corregirme. No tengo idea de lo que Él me tenga deparado para mi futuro terrenal, pero estoy seguro de que voy a pasar la eternidad en el cielo. Me he arrepentido y Dios me ha perdonado. Ahora soy un asalariado con un trabajo a tiempo parcial del cual mi esposa y yo diezmamos con gozo y gratitud. Es mucho mejor diezmar de lo poco que tenemos que cuando entregaba el 50% de lo mucho.

Cuando el revés económico terminó con su riqueza, su corazón también la hizo a un lado. Comenzó a concentrarse en la eternidad y se dio cuenta de que ninguna de sus posesiones materiales lo llevaría al cielo, excepto las que hubiera invertido en cosas eternas.

ESE BANDIDO LLAMADO ENGAÑO

Otra manera de caer endeudado es a causa del engaño. Antes de que Ananías y Safira intentaran engañar a otro, se engañaron a sí mismos. Sin embargo, no pudieron engañar a Dios.

Recuerdo una escena graciosa de un programa humorístico. Un hombre va caminando por la calle cuando aparece un ladrón que lo apunta con un revólver y le dice:

—La plata o la vida.

El hombre no responde, por lo que el ladrón lo apura:

—¡La plata o la vida!

Finalmente el hombre responde:

—Lo estoy pensando... lo estoy pensando...

Muchas parejas viven durante tanto tiempo engañadas en cuando a sus posesiones que olvidan que en su matrimonio hay cosas que son mucho más valiosas que el oro. Por eso se sumergen cada vez más en el lodo de las deudas y creen que ese es el estilo normal de vida que deben llevar.

Llegará el momento en que balbucearán: «pero... pero...» Sin embargo, será demasiado tarde. Las deudas serán como arenas movedizas que los ahogarán por completo y el matrimonio se disolverá.

EL PELIGRO DE RACIONALIZAR

Lo que llevó a Ananías y Safira al autoengaño fue la racionalización. Quizás pensaron que se merecían conservar la totalidad de la suma de dinero. Y con seguridad racionalizaron que nadie sabría cuál era la cifra exacta. Sin dudas, se refugiaron en la antigua excusa de que ese asunto no era más que cosa de ellos y de nadie más.

Era el mismo problema que tenía ese hombre que conocemos como «el joven rico». Deseaba saber cómo ser discípulo de Jesús. El Señor le dijo que vendiera todas sus posesiones, las diera a los pobres y que luego lo siguiera. Cabe aclarar que esa no es una indicación para todos sino solo para aquellos que, como este joven, permiten que las posesiones los dominen. Sin lugar a dudas, este joven racionalizó su derecho a conservar el dinero y consideró absurdo el requerimiento de Jesús.

Jesús, que «conocía el interior del ser humano» (Juan 2:25), se dio cuenta del error en la vida del joven rico. A fuerza de racionalizar las cosas durante años, el dinero había sido transferido. No de este joven a otra persona sino de una parte de su ser a otra.

Cuando el dinero pasa de la mano al corazón, es ahí cuando uno corre verdadero peligro de caer en la trampa de las deudas.

Demas, otro personaje de la Biblia, también sufría este problema. Pablo le escribió a Timoteo: «Haz todo lo posible por venir a verme cuanto antes, pues Demas, por amor a este mundo, me ha abandonado y se ha ido a Tesalónica» (2 Timoteo 4:9-10).

No caiga en esta misma trampa. Muchas parejas manifestaban al principio amor por Cristo y su iglesia, mas luego, cuando les llegó la prosperidad económica, racionalizaron su camino hacia sendas que los alejaron de Dios. Asegúrese de no caer en esa misma trampa.

ERRORES AL EJERCITAR LA MAYORDOMÍA

Ananías y Safira comenzaron a preguntarse cuánto podrían conservar para sí. Esa forma de pensar fue la que los condujo a la muerte. Deberían haber comenzado por preguntarse cuánto podrían dar por Cristo y su reino divino.

Jesús dijo que debemos buscar primeramente el reino de Dios y que las cosas que necesitáramos vendrían como consecuencia del establecimiento de esa prioridad. Jesús también dijo: «Donde esté tu tesoro, allí estará también tu corazón» (Mateo 6:21).

Muéstreme una persona que tenga una comprensión adecuada en cuanto a las riquezas, las posesiones y el dinero y verá en él a una persona que comprende las cosas profundas de Dios. Por otro lado, cuando hallamos una persona que no es fiel con el dinero y que no tiene una visión bíblica de las posesiones sabremos que esa persona sufre de un grave problema espiritual, más allá de la jerga religiosa que podamos escuchar de sus labios.

¿Cuánto dinero debería tener una persona para seguir siendo un hombre o una mujer de Dios, lleno del Espíritu? ¿Existe un límite?

No hay dudas de que el límite es: *Si la riqueza espiritual está detrás de la riqueza física, es porque tenemos demasiado dinero.* Cuando nuestra entrega a Dios, a su Palabra y a la iglesia ocupa el segundo lugar detrás de nuestra entrega a las cosas materiales, hemos sobrepasado la suma de dinero que deberíamos tener.

En estos casos, Dios hace una de estas dos cosas. Puede que Dios permita que el dinero nos asfixie de manera tal que ganemos tanto que caigamos en el poder del vil metal, o puede que nos quite el dinero de una u otra manera según sea su santo propósito para nuestra vida. Eso dependerá de cuánto dinero hayamos acumulado, si es mucho o poco. En la Biblia dice que si somos fieles en lo poco, Dios nos dará la oportunidad de ser fieles mayordomos en lo mucho (Mateo 25:21).

Cuando Dios nos da más de lo necesario, es porque desea que usemos esa abundancia para bendición de otros, por su reino, por las cosas que son eternas. Quien no sea capaz de comprenderlo, Dios dice que es un necio. Lo dice con claridad en Lucas 12:20 cuando exclama: «¡Necio! Esta misma noche te van a reclamar la vida. ¿Y quién se quedará con lo que has acumulado?».

Es lamentable que Ananías y Safira encajaran en esa descripción. Se metieron por propia voluntad en las arenas movedizas y estas los devoraron.

Una pareja no debe inevitablemente meterse en deudas de tal forma que el matrimonio termine sofocado. Dios nos da a todos la oportunidad y la habilidad de manejar el dinero que Él nos da, de una manera que sea para la gloria de Dios y la bendición de los demás. Uno no necesita terminar como Ananías y Safira. A partir de hoy, usted puede elegir ser como Zaqueo y demostrar que es un buen mayordomo y que el dinero no es un dios para usted. A partir de entonces, las palabras de Jesús podrán bendecir su hogar de la misma manera que bendijeron el de un recaudador de impuestos: «Hoy ha llegado la salvación a esta casa»[6].

REFLEXIONE SOBRE SU SUS RELACIONES

1. ¿Qué es lo que en su familia lo impulsa a endeudarse?

2. ¿Qué está pensando comprar que lo haría aumentar sus deudas? ¿Para qué lo necesita?

3. Qué porcentaje de su ingreso está dando a la iglesia?

4. ¿A cuánto asciende su deuda con la tarjeta de crédito? ¿Y otros tipos de deudas? ¿Qué está haciendo para saldar esas deudas?

UN 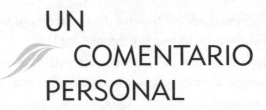 COMENTARIO PERSONAL

Huirás de la tentación sexual (Internet y otras)

Debe leer este capítulo en detalle y con mucha oración. Lograr la victoria en este aspecto de la vida hará que pueda «escuchar las trompetas» cada mañana. El adulterio es la bomba nuclear del enemigo. Vaya a Cristo, ¡Él le puede dar la libertad!

—E. Y.

Mandamiento 6

Huirás de la tentación sexual [en la Internet y otras]

Creo que no hace falta que cite estadísticas que demuestren que vivimos en una época y en una cultura obsesionada con la sexualidad. Es muy sencillo que escuchemos hablar, que contemplemos boquiabiertos o que nos involucremos en actividades que corrompen el propósito de la relación sexual que es promover el acercamiento y la intimidad entre los esposos.

Hasta ahora, los mandamientos han sido acerca de cosas que debemos hacer si deseamos matrimonios felices y saludables. Ahora consideraremos algo de lo cual la Biblia dice que debemos huir, y constituye la base de mi sexto mandamiento para el matrimonio: *Huirás de la tentación sexual (en la Internet y otras)*.

Lo que este mandamiento sugiere no es que debamos escapar solo de la tentación de pecar físicamente sino que debemos huir de cualquier cosa que haga que nos concentremos en otra persona que no sea aquella con la que Dios nos ha dicho que debemos entregarnos sexualmente: nuestro cónyuge. Muchos creen que mientras no se cometa adulterio físico, no se está haciendo algo equivocado, dañino o destructivo.

Enseguida nos abocaremos a analizar algunas cosas que pueden hacer que nos desviemos de nuestra pareja y de las intenciones divinas en cuanto a la relación sexual. Pero antes, veamos dos famosos ejemplos bíblicos contrastantes acerca de cómo actuar ante la tentación sexual.

NADIE ES INMUNE

David, el segundo rey de Israel, nos demuestra que nadie es inmune a la tentación sexual, ni siquiera un hombre conforme al corazón de Dios (véase 1 Samuel 13:14).

> Una tarde, al levantarse David de la cama, comenzó a pasearse por la azotea del palacio, y desde allí vio a una mujer que se estaba bañando. La mujer era sumamente hermosa, por lo que David mandó que averiguaran quién era, y le informaron: «Se trata de Betsabé, que es hija de Elián y esposa de Urías el hitita». Entonces David ordenó que la llevaran a su presencia, y cuando Betsabé llegó, él se acostó con ella. Después de eso, ella volvió a su casa. Hacía poco que Betsabé se había purificado de su menstruación, así que quedó embarazada y se lo hizo saber a David (2 Samuel 11:2-5)

Este pasaje nos muestra la manera de actuar de la tentación sexual. David apenas espió algo agradable a los ojos y lo deseó. Como no había nadie por los alrededores, ni siquiera el esposo de Betsabé, el rey decidió obtener lo que deseaba. ¿Quién se enteraría? Solo él y Betsabé. Además, ¿quién se atrevería a desafiar al rey?

David siguió adelante con sus planes y luego envió a Betsabé de regreso a su casa. Sin embargo, se armó tremendo problema a raíz de ese momento de placer para David. Y las cosas irían de mal en peor.

El embarazo de Betsabé desencadenó una serie de trágicas decisiones por parte de David. Envió a buscar al esposo de ella,

Urías, un siervo tan fiel como cualquier rey podría desear, y le dijo que pasara la noche con su esposa. «Has peleado duro y te mereces una noche con tu esposa», le dijo David al soldado, pero Urías se negó. Le dijo a David que él jamás podría ir a su casa a comer y beber, y a acostarse con su esposa mientras el resto del ejército de Israel permanecía en el campo de batalla.

Así fue que David recurrió al plan B. Como Urías no quiso ir a su casa con su esposa, entonces David envió a este valiente y fiel soldado al frente de batalla. Había tramado un plan con los jefes del ejército para que se aseguraran de que el hombre muriera en combate. El malvado plan funcionó. Cuando los mensajeros trajeron el mensaje de que Urías había fallecido, David se casó con Betsabé.

No obstante, el pecado del rey no pasó inadvertido a Dios quien envió al profeta Natán a que confrontara a David. Resulta irónico que David se autocondenara. Natán relató a David una historia acerca de un hombre rico y poderoso que tomó por la fuerza todo lo que poseía un hombre pobre. David reaccionó indignado y profirió la sentencia: «¡Quien hizo esto merece la muerte!».

«¡Tú eres ese hombre!», respondió Natán.

David no tuvo escapatoria. Había intentado ocultar su pecado alrededor de un año y tal vez pensó que ya era historia pasada. Fue un insensato, porque Dios sabía todo lo que había hecho y solo era una cuestión de tiempo. Dios iba a corregir a su siervo, el rey.

Si bien Dios le perdonó la vida a David, fue castigado y tuvo que llevar de por vida la consecuencia de su manera pecaminosa de actuar. El hijo que Betsabé dio a luz murió al cabo de una semana, y eso a David le rompió el corazón. Sufrió no solo por la pérdida del hijo sino también por haber deshonrado a su Dios.

Cuando David se arrepintió, Dios lo bendijo nuevamente e incluso usó la unión con Betsabé para establecer su propio reino.

Sin embargo, no lo hizo *hasta* que David hubo sufrido enormemente por lo que había hecho[1].

EN SUS MARCAS, LISTOS...

La historia de José es más breve y no tan complicada como la de David. Eso se debe a que hizo lo que debía cuando se le presentó la tentación en forma de mujer. No se quedó allí y trató de resistirla sino que corrió[2].

Un hombre poderoso llamado Potifar pertenecía al equipo personal del faraón y José era siervo de Potifar. Este hombre tenía a José por un joven íntegro. Además, había notado que José tenía éxito en todo lo que emprendía. De ahí que lo pusiera a cargo de la administración de su casa y sus negocios.

José no solo impresionó a Potifar. La Biblia nos relata que este joven buen mozo atrajo las miradas de la esposa de Potifar que de inmediato lo deseó. Ella estaba acostumbrada a conseguir todo lo que se proponía, por eso cada día presionaba a José para que se acostara con ella.

No fue poca cosa para José el huir de los avances amorosos de la esposa de Potifar. Sin embargo, él le dijo: «Tu esposo, mi patrón, me ha confiado el cuidado de todo en esta casa y eso *te incluye*. Así que de ninguna manera lo he de traicionar a él y deshonrar a mi Dios haciendo semejante cosa. ¡Olvídalo!».

No obstante, la esposa de Potifar no estaba dispuesta a aceptar un «no» por respuesta. Si bien dejó de lado el intento de convencer a José con palabras probó con otra cosa. Un día en que no había nadie por los alrededores, tomó a José de la ropa y le ordenó que se acostara con ella. Como el hombre joven y fuerte que era, bien podría haberla dominado e intentado hacerle ver las cosas a su manera. Sin embargo, en vez de hacer uso de la fuerza o del razonamiento, huyó de ella. Y salió corriendo de tal manera, que dejó sus ropas en manos de la mujer (Génesis 39:12-13).

¿Y cómo respondió la esposa de Potifar ante semejante humillación? Con una falsa acusación de intento de violación por parte de José. Las autoridades lo enviaron a prisión, pero José que seguía siendo un fiel siervo de Dios continuó disfrutando de las bendiciones del Señor aun tras las rejas. En muy poco tiempo se convirtió en la mano derecha del encargado y meses más tarde fue ascendido hasta ocupar el segundo lugar en el mando sobre todo Egipto. Solo debía rendir cuentas ante el faraón. Ese sitio de poder le permitió salvar a Israel del hambre y de una segura destrucción.

La historia de José demuestra las enormes bendiciones disponibles para quienes cumplen con fidelidad los mandatos de Dios. Y también tenemos un gran ejemplo de lo que hay que hacer ante la tentación sexual persistente: *¡salir corriendo!*

NO CAMINE... ¡CORRA CUANDO HUYA DE LA TENTACIÓN!

El Antiguo Testamento no monopoliza el tema de huir de la tentación sexual. Pablo, en la primera carta a los Corintios, dice que nuestro cuerpo es templo del Espíritu Santo. Dice que cualquier otro pecado lo cometemos contra Dios, pero que la inmoralidad sexual es un pecado que cometemos contra Dios y *contra nuestro propio cuerpo*. Los habitantes de Corinto algo sabían acerca de la inmoralidad sexual ya que muchos habían *caído* en ella en vez de *huir*. Pablo les aconsejó huir (1 Corintios 6:18).

El apóstol repitió este consejo a un joven pastor llamado Timoteo. Como la mayoría de los jóvenes, Timoteo parecía luchar contra las pasiones, por lo que Pablo le aconsejó: «Huye de las malas pasiones de la juventud» (2 Timoteo 2:22). Esta palabra no es solo para las parejas casadas sino también para quienes aún no hayan contraído matrimonio. La Biblia nos enseña que nuestros cuerpos son regalos reservados para nuestro futuro cónyuge. ¡Qué maravilloso regalo de bodas tenemos para dar cuando nos casamos!

La Biblia, tanto en el Nuevo como en el Antiguo Testamento, jamás nos anima a que intentemos evitar la tentación sexual sino que insiste en que salgamos de su camino por completo.

TRATE A LA TENTACIÓN SEXUAL COMO A UNA ENFERMEDAD MORTAL

Supongamos que nos enteramos de la aparición de una enfermedad mortal en algún lugar remoto. Solo se anima a viajar allí personal médico altamente especializado y uno sabe que si contrae la enfermedad, lo más probable es que muera. Sin embargo, solo están en riesgo de contagiarse los que vayan a ese lugar y se expongan a la enfermedad.

¿Sería loable o estúpido que fuera a ese lugar solo para probar cuán «resistente» puede ser uno a la bacteria mortal? Nadie que estuviera en sus cabales se arriesgaría de tal manera a menos que fuera por alguna razón que lo justificara. Sin embargo, eso es exactamente lo que muchos cristianos hacen en cuanto a la tentación sexual. Antes o durante el matrimonio juguetean, coquetean y se entretienen con eso porque piensan que en el último instante, cuando lleguen al límite serán capaces de poner un freno y evitar el choque inevitable.

No resulta así. Dios nos conoce. Él nos hizo y sabe que la tentación sexual tiene un tremendo poder sobre sus hijos. Por eso nos aconseja la huida. Si tomamos la tentación sexual como una enfermedad mortal y terriblemente contagiosa, comprenderemos mejor la advertencia bíblica de que debemos huir de ella.

EL DISEÑADOR DE LA RELACIÓN SEXUAL

Es el plan de Dios

Hace algunos años escribí un libro que titulé *Pure Sex* [Sexo puro]. En uno de los capítulos enuncié cuatro características que pienso que todo el mundo debe saber en cuanto a la relación sexual. En primer lugar, *la relación sexual es una idea de Dios*. Más allá de lo que cualquier sexólogo o cantante de moda pueda decir al respecto, los seres humanos no pueden ni inventar ni mejorar la relación sexual. Dios es el creador de la relación sexual y, lo que es más, es el que la diseñó para que fuera un acto de gozoso placer por medio del cual el esposo y la esposa se unen física, espiritual y emocionalmente. Y pasan a ser uno.

En segundo lugar, *la sexualidad humana es única*. La sociedad pretende hacernos creer que somos solo una parte del reino animal y nada más. «Es algo natural» reza el mantra cultural. Sin embargo, la relación sexual no ha sido diseñada como una mera consecuencia del instinto sino como un lazo íntimo y agradable que permita a la pareja relacionarse, tanto para la procreación como para el placer mutuo. Aunque el mundo pretenda hacernos creer que hemos evolucionado a un nivel apenas superior al de los *animales*, Dios nos dice que nos ha creado un poco menor que los *ángeles*. La Biblia dice que hemos sido creados a la imagen de Dios. Los humanos somos la «corona» de la creación (véase Salmo 8:5). Por lo tanto, la sexualidad humana es algo único.

Tercero, *la relación sexual involucra todos los aspectos de nuestro ser*. Dios, en su plan divino, creó a Eva para que «completara» a Adán. Ella era su «media naranja» y llenaba ese vacío en su vida que ningún animal podía llenar. Ella era hueso de sus huesos y carne de su carne. En una palabra... ella era justo lo que necesitaba. Una vez que Adán se dio cuenta de esto, Dios creó el matrimonio. «Por tanto, dejará el hombre a su padre y a su madre, y se unirá a su mujer, y serán una sola carne» (Génesis 2:24, RVR 1960). La relación sexual implica ser uno con nuestra pareja de una manera completa, como lo fue para ese primer matrimonio que se unió físicamente pero también psicológica, emocional y espiritualmente.

Esa es una de las razones por las que la relación sexual antes del matrimonio no es buena, ya que hace que las personas compartan una intimidad que está destinada exclusivamente al matrimonio.

Crea lazos que están diseñados para existir en el matrimonio. De ahí que el cuarto punto sea: *La relación sexual necesita de límites.* Dios creó la relación sexual como un acto sagrado entre dos personas que se comprometen la una a la otra en la relación del pacto matrimonial. Debido a que es algo sagrado, esa expresión única de amor entre esposos debe protegerse y honrarse. «Honroso sea en todos el matrimonio, y el lecho sin mancilla» (Hebreos 13:4, RVR 1960).

No obstante, la unión sexual es algo mucho más profundo que eso.

Es un símbolo de Dios

La relación sexual entre esposos simboliza la manera en que Dios interactúa con su pueblo. Dios busca la intimidad con nosotros como un acto de amor increíble. Uno puede notar el corazón amante de Dios por la manera en que se dirige a Israel a través del profeta Ezequiel:

> «Tiempo después pasé de nuevo junto a ti, y te miré. Estabas en la edad del amor. Extendí entonces mi manto sobre ti, y cubrí tu desnudez. Me comprometí e hice alianza contigo, y fuiste mía. Lo afirma el Señor omnipotente. Te bañé, te limpié la sangre y te perfumé. Te vestí con ropa de lino y de seda. Te adorné con joyas: te puse pulseras, collares, aretes, un anillo en la nariz y una hermosa corona en la cabeza. Quedaste adornada de oro y plata, vestida de lino fino, de seda y de telas bordadas. Te alimentabas con el mejor trigo, y con miel y aceite de oliva. Llegaste a ser muy hermosa; ¡te sobraban cualidades para ser reina!» (Ezequiel 16:8-13).

Dios trató su pacto con Israel como si fuera un matrimonio. Algunos interpretan el Cantar de los Cantares no solo como un poema de amor de Salomón y su esposa sino también de Dios y su pueblo. El Nuevo Testamento describe a la iglesia como la esposa de Cristo.

Entonces, la relación sexual entre los esposos tiene la santidad adicional de simbolizar el tremendo e íntimo amor de Dios por sus criaturas. De ahí que la relación sexual fuera del matrimonio equivalga a la idolatría.

¿De qué manera protegemos el carácter sagrado del matrimonio? Haciéndole caso a las Escrituras y huyendo de la tentación sexual. ¿Cómo? Tenemos que salir corriendo como si se tratara de una enfermedad mortal, debemos reconocer la pureza de la relación sexual diseñada por Dios y necesitamos protegernos de los ataques de la sociedad que la ha degradado hasta convertirla en un pasatiempo apasionado.

LA RELACIÓN SEXUAL EN LA CULTURA

Dios dio la relación sexual a las parejas casadas como un regalo sagrado, sin embargo nuestra cultura lo ha degradado. Para muchos, la relación sexual ha pasado a ser una actividad recreativa, algo divertido para hacer que nada tiene que ver con el amor o el compromiso.

La mayoría de las parejas que tengan algunos años de casados coincidirán conmigo en que es mucho más difícil llevar adelante un matrimonio saludable hoy que hace veinte años. El entorno cultural ejerce una presión tremenda sobre los matrimonios.

Cuando el mundo se acercaba al tercer milenio, el encuestador George Gallup sondeó las tendencias que iban a continuar afectando el matrimonio durante el siglo XXI. La investigación arrojó resultados que muestran con claridad las presiones a las que los hogares y las familias son sometidos.

Estilos de vida alternativos

La primera tendencia cultural que amenaza al matrimonio es el aumento de los estilos de vida alternativos. Entre 1960 y 1997 la tasa de matrimonios disminuyó en 33%[3]. Una de las razones es que la gente convive sin estar casados. Gallup reveló que entre 1960 y 1998 se multiplicó por diez la cantidad de hombres y mujeres que vivían juntos con algún tipo de convenio, con un aumento del 50% durante la década de los 90.

Gallup informó que solo un sexto de esas relaciones duró tres años y apenas un décimo duró una década. También surge del sondeo que la probabilidad de que se casen las parejas que conviven ha disminuido mientras que las posibilidades de que se disuelvan aumentaron en 20%[4].

Los estilos de vida alternativos incluyen la cohabitación o unión de personas del mismo sexo. En los Estados Unidos, los estados de Hawai y Vermont son dos entre varios que están poniendo presión para que los matrimonios del mismo sexo sean aceptados. Gallup y otras encuestadoras revelan que muchas personas han moderado su visión negativa en cuanto a las relaciones homosexuales y que la tendencia crece.

Inmoralidad sexual

Gallup afirma que la segunda amenaza que se cierne sobre el matrimonio y la familia es la inmoralidad sexual. Intente recordar de cinco años a esta parte una escena de relación sexual entre esposos que haya visto en una película o en un programa de televisión. Lo más probable es que la pareja que vio en esa escena *no* fueran marido y mujer.

La infidelidad en el matrimonio conduce al divorcio y un hogar fracturado afecta a los hijos. En los casos extremos, los niños que no tienen un padre presente en el hogar se rebelan contra la sociedad. Las estadísticas alarmantes lo confirman:

- El 72% de los adolescentes asesinos del mundo provienen de hogares sin padre.

- El 70% de los presos con cadena perpetua creció en un hogar sin padre.

- El 60% de los violadores provienen de hogares con padre ausente[5].

Resulta evidente que necesitamos retornar a las fuentes en lo relativo a la relación sexual. Dios creó esta maravillosa relación. ¿Para qué? Para la procreación, para placer y *para nuestra protección.*

Necesitamos huir de la tentación sexual y de la inmoralidad y volver a la relación sexual pura. ¿Cómo hemos de lograrlo?

MANTÉNGASE LEJOS DE LA TERRAZA

¿Realmente desea huir de la tentación sexual? Entonces, manténgase lejos de la terraza.

David se metió en tremendos problemas, en primer lugar por haber estado en el lugar equivocado en el momento menos indicado. Mientras Israel enfrentaba a sus enemigos en el campo de batalla, el rey David había decidido permanecer en su casa. En lugar de estar liderando a su nación que iba a la guerra, había caído en las manos de un enemigo mucho más poderoso que cualquier ejército enemigo.

En segundo lugar, cedió a una atracción física por la mujer de otro hombre. Él disfrutó de la vista que le ofrecía Betsabé tomando un baño en la terraza aquella noche. Sin embargo, no fue eso lo que lo metió en problemas. David preparó su propia caída cuando permitió que esos deseos lujuriosos siguieran adelante. Al permanecer admirando la belleza de Betsabé, su corazón fue presa de la lujuria y el deseo.

Esas terrazas que hay en el lugar de trabajo, en el vecindario o en ciertos «clubes»

Tanto a hombres como a mujeres nos toca hoy en día enfrentar nuestras propias terrazas. No necesitamos buscar por ahí afuera a ver si vemos a nuestra «Betsabé». Nuestro lugar de trabajo o nuestro vecindario pueden proporcionarnos buenas terrazas. Conozco muchos hombres y mujeres, incluso entre los dedicados a tiempo completo al ministerio, que han tenido que luchar contra deseos lujuriosos hacia un compañero de trabajo que le

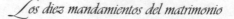

resultó encantador o atractivo. A otros les ha pasado con un vecino, amigo de la familia o socio.

Un hombre puede tener a disposición cuerpos femeninos que se exhiben en los llamados «clubes para hombres», e incluso el número de lugares donde hay hombres que danzan y dejan poco para la imaginación frente a un público femenino, va en aumento.

La terraza de la Internet

Es probable que el equivalente más cercano a la terraza de David sea la fría pantalla de una computadora llena de imágenes pornográficas. Cada vez más son las personas que pasan las noches, como hizo David aquella fatídica noche, mirando, contemplando y fantaseando con lo que ven.

Con el arribo de la Internet ni siquiera necesitamos abandonar la comodidad del hogar para acceder a una «terraza». Un hombre que trabaja en la industria de la computación me comentó que los habitantes de los Estados Unidos desembolsaron en un año mil quinientos millones de dólares en contenidos fuera de la Internet. El 70% de esa cifra correspondía al pago por contenido «para adultos». Eso hace que se gasten casi mil millones al año en material pornográfico. Y puede acceder a todo eso desde la comodidad de su oficina, desde su silla favorita, porque está allí, disponible para ser visto.

No hace falta ser Einstein para darse cuenta lo devastador que es esto para la intimidad sexual y la confianza mutua entre esposos. Es innumerable la cantidad de matrimonios que he visto lastimados e incluso destruidos por los efectos de la pornografía. Es algo tan sencillo de racionalizar... *No he tocado a otra mujer, solo miraba.*

¡Tenga cuidado con esa manera de pensar! Cada vez que permitimos que nuestros pensamientos sexuales se desvíen hacia algún lado que no sea el que Dios desea (nuestro cónyuge) es solo una cuestión de tiempo para que nuestro cuerpo actúe en forma acorde a esos pensamientos. Tomemos como ejemplo el caso de las drogas. Algunos sugieren y otros aseguran que el uso de drogas denominadas de «inicio» como la marihuana lleva al uso de drogas más pesadas como la heroína o la cocaína. La mayoría de las personas que usan estas drogas se iniciaron en la drogadicción con drogas «blandas».

Estoy convencido de que con el sexo pasa lo mismo. El hombre que consume pornografía o se involucra en salas de charlas sobre sexo puede que no se dé cuenta que está tratando de apagar una sed insaciable. Y muy pronto, lo que es algo virtual se transformará en algo real, en una relación física. No pasará mucho tiempo antes que su cuerpo siga el mismo camino de su mente.

Una caída desde la terraza de la Internet

Recibí una carta de un hombre al que conozco desde hace más de quince años. En cierta época este hombre caminó con Dios. Tanto él como su esposa aceptaron a Cristo y eran muy activos en la iglesia. Sin embargo, no sé cómo se metió en un mundo de pecado y tragedia personal que se inició con un poco de «inofensiva diversión» por Internet.

En su carta de varias hojas escritas a máquina, este hombre confesaba la frustración sexual en su matrimonio y cómo empezó a buscar consuelo afuera. Como cristiano, no deseaba ser adúltero por lo que escogió una escapatoria «segura» para sus frustraciones: la Internet.

Este hombre comenzó a mirar todo tipo de material pornográfico y a participar en salas de charlas con conversaciones de alto contenido erótico con desconocidos. Al poco tiempo, se topó con una mujer de otro estado que tenía problemas matrimoniales similares a los suyos. Conversaban en forma habitual, intercambiaron fotografías y hasta hablaron por teléfono. La charla surgía de manera espontánea y natural, y pronto comenzaron a hablar de sexo. Pasaron algunas semanas y dieron el siguiente paso que era de esperar: decidieron encontrarse. A partir de allí cayeron en el adulterio.

Me gustaría poder afirmar que este hombre se dio cuenta de su error, se arrepintió y se propuso remediar el daño que había causado a su matrimonio. Sin embargo, no fue eso lo que sucedió. Convencido de que se había enamorado de esta mujer, se divorció de su esposa y dejó los hijos a cargo de ella. Su amada hizo otro tanto y se casaron.

Jesús indicó en cierta oportunidad a sus discípulos que cualquiera que mirara a una mujer con codicia ya había cometido adulterio en su corazón (Mateo 5:28). Esa advertencia debiera hacernos apartar nuestros ojos, nuestra mente y nuestro corazón de las cosas que nos podrían producir lujuria. También nos hace ver que el Señor sabía que la mente y el corazón pueden llevar al cuerpo a enredarse en actividades destructivas.

Entonces, con nuestra mente, nuestros ojos, nuestro corazón y con todo nuestro cuerpo debemos *huir* de la tentación sexual.

HUIR... ¿HACIA ADÓNDE?

Me encanta que Dios siempre nos diga «hacia» dónde debemos ir. Para evitar los peligrosos escollos de la tentación sexual y lograr tener un matrimonio feliz, necesitamos huir hacia una intimidad profunda, genuina y bíblica con nuestro cónyuge.

Lograr la intimidad sexual lleva tiempo. Esa es una de las claves que enuncia uno de los mejores manuales de sexualidad que jamás se haya escrito: la Biblia, en el pequeño libro que el Espíritu Santo intercaló en el Antiguo Testamento, el Cantar de los Cantares. Muchos hombres y mujeres piadosos a través de la historia han entrado en conflicto a causa de este libro, e incluso algunos eruditos de la edad media se preguntaron si debían incluirlo en la Biblia.

Algunos opinan que se trata de un libro que relata en forma de alegoría el amor de Dios por su pueblo y de Cristo por su esposa, la Iglesia. Si bien reconozco que la alegoría puede estar presente, también creo que este libro tiene un sentido directo y llano. Es una obra magnífica que emplea un lenguaje sensual y palpable para describir la idea que Dios tiene del amor romántico e íntimo entre los esposos.

El Cantar de los Cantares es prueba fehaciente de que Dios diseñó y creó la relación sexual y la intimidad sexual para el matrimonio. Nos hace un relato memorable entre el amor apasionado de Salomón y su esposa, la sulamita. Es un libro que nos brinda una imagen bellísima de un amor maduro, que crece y que disfruta de la intimidad. En él hallamos principios prácticos que nos pueden ayudar a lograr la intimidad sexual.

ES UNA CUESTIÓN DE TIEMPO
La intimidad requiere de tiempo

La intimidad sexual lleva tiempo. En el primer capítulo de este libro, Salomón nos ofrece una instantánea de su amor por la sulamita cuando estaban comprometidos. Es interesante destacar que Salomón describe a la sulamita de los hombros para arriba, porque es todo lo que puede ver de ella. Aún no se casaron, por eso el resto permanece cubierto.

En el capítulo 4, Salomón y la sulamita ya llevan un tiempo de casados por lo que la descripción pasa a ser más íntima y detallada. Salomón escribe acerca de los ojos de su esposa, de su cabello y de sus pechos que son las cosas que un hombre enamorado aprecia de su esposa.

Cuando llegamos al capítulo 7, Salomón y la sulamita ya llevan algún tiempo juntos y han experimentado varias cosas, como la mayoría de los matrimonios. Han pasado por crisis, dolores y problemas, pero su amor sobrevive y sigue creciendo. A esta altura, Salomón alaba a su esposa de la cabeza a los pies. Han pasado juntos mucho tiempo y han crecido en su intimidad. Solo a través del tiempo puede una pareja lograr semejante acercamiento.

La intimidad requiere de sincronización

Cierta mañana Salomón intentó acercarse a su esposa y ella le respondió: «Ahora no, querido, es muy temprano». Aparentemente Salomón no había mirado el reloj de sol y partió sin decir una palabra.

Más o menos una hora más tarde, su esposa está completamente despierta y entonces sí deseaba estar con él, por lo que empieza a buscarlo. Sin embargo, el reloj sexual de esta pareja no estaba sincronizado en este día en particular y perdieron una oportunidad única de gozar de la intimidad sexual.

Si la regla de oro en bienes raíces es la ubicación, en cuanto a la relación sexual es la sincronización. Y eso incluye la comunicación oportuna.

El Cantar de los Cantares tiene tanto de conversación como de relación sexual. Para poder lograr una intimidad profunda, perdurable y apasionada en su matrimonio, necesita comunicarse. Preste atención a los intercambios verbales de Salomón y su esposa. Cuando se hablan emplean términos amorosos y usan códigos íntimos reservados para su romance.

El intercambio verbal entre Salomón y la sulamita es tan excitante y vibrante como lo es el abrazo amoroso que comparten en la cama. Ese intercambio verbal tan romántico aumenta el placer del acto sexual en sí.

El Cantar de los Cantares demuestra que lo que Dios desea para un matrimonio es que la relación sexual sea algo excitante y placentera. Los matrimonios harían muy bien en leerlo juntos.

La intimidad requiere de tiempo juntos y a solas

Alguien dijo que la mejor manera de dar por terminada la intimidad matrimonial era tener hijos. Si bien cuando uno forma una familia, el poder tener intimidad representa todo un desafío, no quiere decir por eso que se haya acabado la intimidad.

Los hijos son una bendición maravillosa que nos da el Señor, pero demandan mucho tiempo. La mayoría de las parejas cristianas trabajan para vivir y tienen además otras responsabilidades para con la iglesia, los amigos y los familiares. Eso ya de por sí significa una agenda bien ocupada y si a eso agregamos las responsabilidades como padres, puede llegar a ser algo abrumador. No es sencillo poder tener intimidad en esa situación, pero puedo asegurarle por experiencia que no es imposible.

Una de las claves es que las parejas separen tiempo para ellos. Tienen que planificar pasar un tiempo juntos, fuera de la vorágine diaria de la vida familiar. Salomón sabía la importancia que esto tenía:

> Ven, amado mío;
> vayamos a los campos,
> pasemos la noche entre los azahares.
> Vayamos temprano a los viñedos,
> para ver si han retoñado las vides,
> si sus pimpollos se han abierto,
> y si ya florecen los granados.
> ¡Allí te brindaré mis caricias! (Cantares 7:11-12)

Salomón y la sulamita habían comprendido algo que muchas parejas han olvidado: en ocasiones necesitamos apartarnos y pasar un tiempo juntos, sin que nada nos distraiga.

Separen un tiempo para ir al campo o pasar la noche en algún sitio agradable de manera que puedan concentrarse el uno en el otro. Eso permite que la intimidad matrimonial continúe creciendo.

CONSTRUYA LA INTIMIDAD MATRIMONIAL SOBRE LA ROCA

Nuestro mundo está lleno de escollos y de campos minados que acechan al matrimonio. Aun así, algunos matrimonios no solo sobreviven en este mundo de tentaciones sino que hasta crecen y se desarrollan. ¿Cómo lo hacen?

Jesús responde a esta pregunta en la parábola de los dos cimientos. El Señor nos da un ejemplo de dos tipos de casas: una fundada sobre la roca que permanece firme ante las tormentas y otra construida sobre la arena que se destruye enseguida. Ambas casas reciben la misma tormenta, el mismo azote del viento, la misma intensidad de lluvia y de inundación (véase Mateo 7:24-27). El fuerte vendaval arremete contra la estructura, la lluvia azota la superficie de la tierra y la inundación pone en peligro los cimientos. El edificio en su conjunto recibe el embate.

Lo mismo ocurre con nuestro matrimonio. La tentación sexual ataca todos los puntos de la estructura del matrimonio, incluso los cimientos. Entonces, ¿cómo hemos de construir para sobrevivir a las tormentas?

Pablo escribió que «como maestro constructor, eché los cimientos, y otro construye sobre ellos. Pero cada uno tenga cuidado de cómo construye, porque nadie puede poner un fundamento diferente del que ya está puesto, que es Jesucristo» (1 Corintios 3:10-11).

Cuando construimos nuestros matrimonios sobre la roca que es Jesucristo y sus principios divinos, permanecerán firmes sin que importe el viento que se avecina, aunque se trate del fuerte vendaval de la tentación sexual.

Puede que usted se pregunte: *¿Qué puedo hacer con mi matrimonio? Está sobre un terreno inestable y está siendo atacado por la tormenta. ¿Qué debo hacer?* Permítame alentarlo con un consejo práctico, perspicaz y *reconfortante*.

CUANDO LAS COSAS SE PONEN DIFÍCILES...

Hay que hacerles frente. Muchas veces alguien con buenas intenciones nos ha animado con estas palabras cuando pasamos por un momento malo o estamos a punto de tirar la toalla. Puede que tal vez no tomemos en cuenta la verdad que encierra.

Así como un entrenador puede animar a su equipo a que oponga resistencia, no ceda y recurra a los fundamentos para poder resistir el ataque, Dios también quiere que revisemos algunos de los aspectos elementales que nos ha dado. La Biblia está llena de verdades y de promesas de Dios. Algunas son declaraciones claras mientras otras se comprenden dentro del contexto del pasaje o del principio que se enuncia.

Tres de estas verdades pueden ayudarnos a atravesar los desafíos más duros de la vida, aun las peores tentaciones o los dolores más agudos. Estas son: 1) Dios tiene un *plan* para nuestra vida; 2) Dios está *presente* en nuestra vida y 3) Contamos con la *protección* de Dios sobre nuestra vida. Donde mejor se observa la interacción de estas tres promesas es en uno de mis pasajes favoritos del Antiguo Testamento: Isaías 43:1-3. A decir verdad, le recomiendo que lo escriba en una lámina grande y la cuelgue en alguna pared de la casa.

El plan de Dios

Por medio del profeta Isaías, Dios le dice a su pueblo: «No temas, que yo te he redimido; te he llamado por tu nombre; tú eres mío» (v. 1) ¡Qué palabras tan maravillosas! Dios dice: «No temas» ¿Por qué? Porque nos ha redimido por medio de Jesucristo. Y los que conocen a Cristo están dentro del plan de Dios. Él conoce nuestro nombre y por supuesto también nuestro cumpleaños, nuestra dirección, nuestro número de documento, también el número de teléfono aunque no aparezca en la guía... ¡Dios sabe cuántos cabellos hay en nuestra cabeza! Así que, relájese y no tenga miedo. Dios tiene un plan para su vida y para su matrimonio.

Él va a incorporar los tiempos de tormenta del matrimonio dentro de su plan divino así como los tiempos de gozo entre usted y su cónyuge. Los tiempos malos vienen cuando las personas, en su libre albedrío, hacen elecciones equivocadas. Dios no es el causante de la ruptura de las relaciones, pero Él va a usar las experiencias de la vida para su bien y para gloria de Él (véase Romanos 8:28-29).

Por ejemplo, a través de los trágicos eventos del 11 de setiembre de 2001, pudimos conocer la historia de Todd y Lisa Beamer. Esta joven pareja impactó a todo el país con la belleza de su testimonio cristiano, uno a través de su muerte y la otra a través de su vida. Mientras el avión secuestrado se dirigía hacia la ciudad capital, Todd Beamer fue de inspiración para sus compañeros de vuelo y más tarde para todos nosotros con sus últimas palabras: «¡Adelante!». Todd falleció ese día luego del acto heroico que llevó a cabo junto a otros pasajeros cuando desviaron el ataque de los secuestradores a Washington D.C. e hicieron que el vuelo 93 de United Airlines se estrellara en una zona deshabitada en las afueras de Shanksville, Pensilvania.

Desde ese día trágico, la fe y la esperanza de Lisa Beamer, viuda de Todd, ha sido de inspiración para todos los habitantes de los Estados Unidos. Lisa sabe que Dios tiene un plan para cada uno de sus hijos que ni la muerte ni la vida pueden frustrar. Ella confió en Dios mientras estuvo casada. Poco menos de un año antes de la muerte de su esposo, ella dijo: «Mi fe me muestra al menos un poco de la perspectiva que Dios tiene del mundo y de mi vida, y que hay un buen propósito para todo»[6]. Lisa usó las palabras de Henry Van Dyke, pastor y escritor del siglo XIX, para expresar su confianza en el plan de Dios:

En el reino natural, las sombras o la oscuridad son los sitios de mayor crecimiento. El hermoso maíz de la India crece con mayor rapidez en la oscuridad. El sol marchita y enrosca las hojas, pero en cuanto se interpone una nube, se abren de inmediato. Las sombras brindan un servicio que no puede brindar la luz del sol.

Cuando un matrimonio toca fondo a causa de la tentación y las consecuencias que siguen, es tiempo de descansar en el Padre que nos dice: «No temas». Es el tiempo de confiar que en la oscuridad, Él hará algo grandioso de acuerdo con el plan que Él tiene para su vida.

La presencia de Dios

Dios declaró a través del profeta Isaías: «Cuando cruces las aguas, yo estaré contigo» (Isaías 43:2). Muchas parejas casadas han sido como Simón Pedro que caminó sobre las aguas. ¿Recuerda el episodio? (véase Mateo 14:22-33). Jesús caminó sobre las aguas del mar de Galilea hasta la barca donde estaban sus discípulos. Pedro, entusiasmado, preguntó al Señor si también él podía caminar sobre las aguas y Jesús le dijo: «Ven».

Pedro saltó de la barca y caminó sobre las aguas durante un tiempo hasta que quitó la mirada de los ojos de Jesús y prestó atención al viento y a las olas que lo rodeaban. Muchos esposos salieron de la seguridad del hogar paterno y, como Pedro, comenzaron a caminar por entre los problemas que los rodean. Hasta que estos captaron su atención y comenzaron a hundirse en la desesperación. Algunos se hundieron hasta divorciarse.

La solución para esos matrimonios que se hunden es la misma que para Simón Pedro que gritó: «¡Señor, sálvame!» Jesús, que estaba cerca, tomó a Pedro de la mano y lo salvó.

Si su matrimonio se hunde en las profundidades a causa de la tentación, los problemas y la confusión, Jesús está tan cerca de ustedes como lo estuvo de Simón Pedro aquella noche en el mar de Galilea.

La protección de Dios

Dios promete su protección en todos los momentos, sea que esté sobre las aguas o hundido en ellas. La promesa de Isaías 43 continúa diciendo: «Cuando cruces los ríos no te cubrirán sus aguas; cuando camines por el fuego, no te quemarás ni te abrasarán las llamas» (v. 2).

Fíjese que Dios no dice «cuando *vadees* el río ... las aguas ... el fuego», sino que su promesa es para cuando *cruces* por esos lugares peligrosos. Nadie sabe qué le puede tocar enfrentar, pero tenemos la penosa certeza de que algunos de nosotros deberemos cruzar ríos torrentosos, aguas turbulentas y fuegos abrasadores.

Dios es absolutamente franco y sincero acerca de las perspectivas de sufrimiento, pero también lo es acerca de la promesa de protección en medio de esos sufrimientos.

Resulta preocupante que Dios diga además que el pasaje por el fuego no es de una corrida sino que habla de *caminar*. Si pasáramos corriendo podría ser que sintamos el calor del fuego por un breve momento, pero el caminar por el fuego puede significar meses, incluso años.

HAY QUE HACERLES FRENTE

Para Luis, ese caminar duró cinco años. Una misteriosa enfermedad comenzó a debilitar el cuerpo de su esposa. Al principio parecía que se iría rápido, pero no fue así. Día a día, semana a semana, mes a mes, año a año, ella iba empeorando.

Luis pasaba sus días trabajando duro para poder vivir y pasaba las noches cuidando de su esposa. No había fines de semana divertidos. Solo cada vez más tristeza y más dolor.

Encima de todo, Luis era un hombre sano y sexualmente vivo. Las tentaciones lo rodeaban. Escuchaba voces que le sugerían que su esposa estaba técnicamente muerta y que si él tenía relaciones sexuales con otra mujer, no sería pecado. Luis luchaba con la autocompasión: *Me duele tanto ver morir a mi esposa, ¿por qué entonces tengo que soportar también este deseo que me carcome?* Parecía lógico, parecía correcto.

Sin embargo, Luis no cedió ante la tentación. Hubo algo en su interior que lo mantuvo fiel a su esposa que ahora estaba en estado de coma. Ese «algo» que hizo que Luis se mantuviera fiel fue su propia *fidelidad al pacto matrimonial* que había hecho con su esposa hacía una década y también el *compromiso* que había adquirido ante Dios[7].

Para Luis esa fue una larga y lenta caminata por el fuego, pero cuando su esposa falleció, él pudo permanecer con la cabeza en alto ante el féretro, porque sabía que había mantenido intacto su pacto de fidelidad aun cuando la gente que lo rodeaba le decía que nada lo ataba a ella.

De esta manera podemos enfrentar el fuego de la tentación. Insistimos con Dios aun cuando ya no podamos acercarnos a un cónyuge que nos ha dejado o que nos ha sido infiel. Esa intimidad con el Padre nos permitirá caminar satisfactoriamente por el fuego de manera que ni siquiera tendremos olor a humo.

REFLEXIONE SOBRE SU RELACIÓN

1. Escriba una definición para relación sexual. Lo que usted entiende por relación sexual, ¿se relaciona más con la idea de relación sexual del «diseñador» o con la idea «cultural» de la relación sexual?

2. ¿Cuáles son las terrazas que más lo tientan? ¿Qué piensa hacer al respecto?

3. ¿Qué puntaje le daría a la intimidad sexual, emocional y espiritual de su matrimonio? ¿Qué podrían hacer para mejorarlo?

4. ¿Está su matrimonio construido sobre la roca o sobre la arena? Explique.

UN
COMENTARIO
PERSONAL

Perdonarás a tu pareja 490 veces y muchas más

Jamás lance un ultimátum a su pareja. Cuando dos se hacen uno (y de eso se trata el matrimonio) uno se compromete a perdonar a su «mejor mitad» durante toda la vida. Deje de aporrear a su cónyuge con el pasado. Este capítulo le dirá qué hacer para perdonar de corazón.

—E. Y.

PERDONARÁS A TU PAREJA 490 VECES Y MUCHAS MÁS

El matrimonio de Néstor y Miriam no les trajo más que infelicidad. Se la pasaban peleando, los hijos siempre se rebelaban y la casa lucía como un chiquero. Tenían ideas diferentes por completo en cuanto al estilo de vida, al matrimonio y a la crianza de los hijos. Con el tiempo, su ya dividido matrimonio estaba lleno de odio, amargura y conflictos. Se presagiaba lo peor.

Néstor trabajaba como representante de ventas por lo que pasaba dos o tres noches por semana fuera de su casa. En uno de estos viajes, conoció a una joven divorciada llamada Silvia. Se citaron a cenar «solo para conversar» y así surgió una aventura amorosa. Cuando Miriam se enteró, enfrentó a Néstor quien abandonó el hogar de inmediato.

A los pocos meses, Néstor se dio cuenta de que en realidad no amaba a Silvia. En el fondo de su corazón y más allá de los problemas en su casa, seguía amando a su esposa. Deseaba arreglar las cosas con desesperación, pero no sabía si Miriam lo perdonaría.

Si bien Néstor había cometido adulterio, tanto Miriam como él tenían que perdonarse. Esa aventura amorosa sencillamente remataba años de negligencia, crueldad, egoísmo e indiferencia. Ambos tenían mucho por hacer si deseaban salvar su matrimonio.

UNA PREGUNTA DIFÍCIL

Muchas parejas hoy en día se hacen la misma pregunta difícil que enfrentaron Néstor y Miriam: *¿Puede nuestro matrimonio sobrevivir al adulterio?* Esta pregunta tiene mucho que ver con el séptimo mandamiento: *Perdonarás a tu pareja 490 veces y muchas más.* De mis conversaciones con matrimonios he descubierto que no hay nada más duro para un cónyuge que perdonar el adulterio. Un acto de infidelidad puede destruir la confianza y dividir a las parejas más que cualquier otro error o equivocación.

Claro que uno no se levanta un día y decide: «Hoy voy a ser infiel». Existen factores que contribuyen a que se caiga en una aventura amorosa.

Proximidad

Para muchos de los que caen en las garras del adulterio existe «alguien» en el trabajo o en el campo de deportes o en el gimnasio. Poco a poco, esa proximidad que era meramente física pasa a ser una proximidad del corazón y del alma. A menudo, esa proximidad culmina en la proximidad máxima de la relación sexual, como fue en el caso de Néstor y Miriam. De esa manera, dos personas heridas terminan hiriendo a los demás.

Problemas

Todas las familias tienen problemas que van desde relaciones difíciles con los hijos hasta desacuerdos sobre cómo manejar la casa. Como resultado de eso, la relación sexual de la pareja a menudo se resiente.

Algunas personas pasan por lo que podríamos llamar la «crisis de la mediana edad». El hombre a esa edad intenta probar su *virilidad* mientras la mujer menopáusica intenta demostrar que sigue siendo *deseable*.

Otros problemas se relacionan con el fracaso o el éxito. Las personas que han fracasado se sienten heridas y buscan apoyo. En ocasiones se sienten avergonzados de buscar ese apoyo en su pareja por lo que recurren a otro que pueda «comprenderlo». Y en cuanto al éxito, la persona puede recibir reconocimiento y cálidas sonrisas por parte de colegas del sexo opuesto. Las atenciones y las felicitaciones pueden llegar a seducir a cualquiera.

La filosofía del «don Juan»

Esta filosofía se podría resumir de la siguiente manera: Si te sientes bien, no debe ser tan malo. Tenemos que probar y disfrutar de los placeres de la vida.

Esta es una filosofía desviada y destructiva aunque haya pasado a ser culturalmente aceptada. Incluso algunos intentan disfrazar esta perspectiva distorsionada bajo un manto de «espiritualidad». Afirman que cualquier necesidad biológica que tengamos debe de provenir de Dios, por lo tanto es nuestro deber sagrado atender a sus reclamos.

Esa manera de pensar tan difundida hace que los renegados sexuales aparezcan como héroes. Y cualquier persona común y corriente que no actúe a ese nivel glamoroso de competencia sexual podrá ver amenazada su propia identidad.

RESPUESTA A OTROS ERRORES

Por supuesto que existen otros errores que producen distanciamientos. Aun cuando permanezcan sexualmente fieles el uno al otro, continúan agrediéndose con hechos de insensibilidad, crueldad, momentos de egoísmo y palabras hirientes. A menos que las cosas cambien, la espiral de amargura continuará atrapándolos.

Podemos responder de manera ineficaz y en ocasiones, de forma hiriente. Algunos cónyuges, cuando son agraviados *contraatacan* y toman venganza, «ojo por ojo». «Te voy a traer de regreso», dice el marido. Y la mujer responde: «Esta semana me dejaste con los niños tres noches. Estoy cansada de escuchar que sales con tus amigos justificándote que necesitas un respiro. Así que ahora yo voy a salir a visitar a mis amigas. El lunes iré a la casa de Susana, el miércoles a la de Cintia y el viernes iré a la casa de mi mamá».

Otros responden con *rebeldía*. «De acuerdo, Jorge, pero no esperes que yo limpie la casa y acueste a los niños la semana que viene. Tú puedes hacerlo». Si la ofensa es el adulterio, dirá: «Me voy de aquí. Llamaré a un abogado. Hemos terminado». El que desea «irse» puede incluso justificarse diciendo que en la Biblia el adulterio es causa de divorcio. Puede también haber una llamada al pastor o a un consejero de manera que si se divorcian, la «víctima» se siente justificada porque ha hecho todo lo posible por salvar el matrimonio.

Por último, otros responden con la *resignación*. *Bien, supongo que así son los hombres,* se dice a sí misma. *Acostaré a los niños y me pondré a leer.* Sin embargo, noche tras noche ella se sentirá rechazada y el resentimiento irá creciendo. Comienza a manifestarse la amargura y la relación matrimonial se vuelve tensa. Y todo esto sucede quizás sin que el esposo se entere de lo que está pasando.

En el caso de adulterio, la resignación es la reacción más triste de todas. El cónyuge ofendido sencillamente acepta la conducta de la pareja. De ahí que convivan en un ambiente de «Tú haces tu vida y yo hago la mía. Estemos al día con las cuentas, mantengamos a los niños alimentados y vestidos y las apariencias intactas».

Estos tres tipos de respuesta causan tanta destrucción como el error mismo. Sin embargo existe una respuesta adecuada, la respuesta que Dios bendice.

Se llama *perdón*.

EL CAMINO DEL PERDÓN

¿Cuál es la mejor manera de manejar las imperfecciones, los errores y los pecados que existen en el matrimonio? La palabra clave es «perdón». Todos necesitamos cultivar un estilo de vida de perdón y un corazón que perdona sistemática e incondicionalmente.

El Antiguo Testamento nos brinda un ejemplo conmovedor del perdón y la aceptación incondicional por parte de un esposo.

Se llamaba Oseas y su esposa Gómer. Se trató de un caso de una seria trasgresión matrimonial: adulterio. El grado de perdón debía ser grande. ¿Cómo pudo Oseas personar a su esposa?

Dios le había ordenado que se casara con ella a pesar de que era prostituta (Oseas 1:1-3). Al parecer, en los primeros tiempos del matrimonio, abundaba el amor, la dedicación y el gozo. Gómer le dio a Oseas tres hijos, pero al poco tiempo cometió adulterio una vez, y luego otra y otra más.

Finalmente, Gómer abandonó a Oseas, se entregó a la prostitución y terminó siendo esclava. Cuando su dueño la puso a la venta, nadie hacía ofertas por ella a excepción de un hombre. En un acto de perdón, de gracia y de amor incondicional y permanente, Oseas compró a Gómer y la llevó de regreso a casa, no ya como esclava sino para que fuera nuevamente su esposa (3:1-2). Él escuchó la voz de Dios que le pedía por la restauración de la esposa y él obedeció a Dios (si bien en el v. 3 le pide que sea fiel).

La historia de Oseas y Gómer relata el amor y perdón incondicional de un hombre por su esposa y nos brinda un panorama del amor divino por su pueblo adúltero y espiritualmente prostituido. Es la historia de un amor que no renuncia.

Esa clase de amor que Oseas tuvo para con su esposa es el que Dios desea que nos prodiguemos unos a otros, en especial a nuestro cónyuge. Siglos después, Jesús expuso el tema del perdón. Cuando Pedro le preguntó a Jesús: «Señor, ¿cuántas veces perdonaré a mi hermano que peque contra mí? ¿Hasta siete? Jesús le dijo: No te digo que hasta siete veces, sino aun hasta setenta veces siete» (Mateo 18:21-22, RVR 1960).

Pedro podía ser fanfarrón, caradura y en ocasiones, agresivo. Sin embargo, en esta oportunidad quería demostrar lo bien que había comprendido la idea del perdón. «Si alguien me causa una ofensa y yo le perdono siete veces esa misma ofensa, ¿no es suficiente?» preguntó al Señor con desenfado.

Los rabinos de la época requerían que los judíos perdonaran tres veces por una ofensa. Mucho antes de que se creara el juego de béisbol, estos líderes religiosos ya habían inventado la idea de «tres *strikes* y fuera». Cuando uno ya había perdonado tres veces la misma ofensa, la obligación de perdonar terminaba.

Pedro pudo haber razonado: «Señor, siete veces es el doble más uno de lo que marca la ley, ¿no es eso suficiente?»

Sin dudas, el corpulento pescador esperaba que Jesús respondiera: «Pedro, ¡qué gran hombre eres y qué buen gesto el tuyo! Has comprendido el mensaje del reino de Dios mejor que nadie!». Sin embargo, no fue esa su respuesta.

—No, Pedro —respondió el Señor—. No debes perdonar solo siete veces, sino setenta *veces* siete.

¡Eso es 490 veces!

La profunda sabiduría de Jesús nos deja sin palabras. Lo que quiso decirle a Pedro es que el perdón no es una cuestión de una vez, dos veces o hasta siete veces sino que es un estilo de vida. Lo que sucede es lo siguiente: Cuando uno perdona a alguien 490 veces, alrededor de la vez número 300 uno ya adquirió el *hábito* de perdonar. El perdón debe ser algo habitual, una práctica que se convierte en algo natural en uno.

Por sobre todo, no hay dudas de que debe ser parte de un matrimonio saludable y próspero.

HAY QUE DESHACERSE DE LAS PEQUEÑECES

A esta altura puede hacerse la idea de que el perdón es para las cosas graves como el adulterio. Incluso puede que piense que este capítulo no se aplica a su caso. Quizás crea que no necesita practicar el aprender a perdonar porque en su matrimonio no existen ofensas graves. Tal vez su cónyuge no anda coqueteando por ahí, no bebe, no dice palabrotas ni abusa físicamente de la familia.

Esas zorras pequeñas

En esa clase de relación es fácil que uno permita que las cosas insignificantes que no aparecen en el radar, permanezcan por debajo de la superficie hasta que de pronto surgen como una enorme señal luminosa en la pantalla y todo porque no consideramos que esas pequeñas ofensas necesitan ser perdonadas.

La esposa del rey Salomón sabía de los problemas que ocasionan los temas «menores». Ella compuso un soneto de amor para su esposo en el que lo describe como a una criatura que va en busca de su pareja. Observe el nostálgico lamento: «Paloma mía, que te escondes en las grietas de las rocas, en las hendiduras de las montañas, muéstrame tu rostro, déjame oír tu voz; pues tu voz es placentera y hermoso tu semblante» (Cantares 2:14).

Y luego sigue un extraño ruego: «Atrapen a las zorras, a esas zorras pequeñas que arruinan nuestros viñedos, nuestros viñedos en flor» (v. 15).

La esposa de Salomón usa la metáfora de la cosecha para referirse a la relación amorosa que comparten. Pareciera que no le preocupan el viento ni la lluvia ni ninguna de las otras «grandes» amenazas que podrían destruir la cosecha sino que se concentra en las «pequeñas zorras» que se introducen en los viñedos por la cerca rota y arruinan las viñas, una por una.

Todos los matrimonios deben tener cuidado con las pequeñas zorras.

Por supuesto que debemos evitar las cosas graves que pueden destruir nuestra relación, pero serán más las veces que tengamos que perdonar las pequeñeces, esas costumbres o modales que nos irritan y que pueden abrir una brecha entre los cónyuges. Estas «zorras pequeñas» carcomen y desgarran hasta que terminan por arruinar el matrimonio.

Se dice que el matrimonio no es una gran cosa sino la suma de varias pequeñas cosas y estoy de acuerdo con eso. Recuerdo a una mujer que me contó que su primer marido la enloqueció por salpicar el espejo del baño con pasta dental. «Siempre se lo recriminé» decía ella, «lo perseguía con este tema». Esta «pequeñez» generó un conflicto que destruyó el matrimonio. La esposa sencillamente no pensaba perdonar a un esposo que hiciera semejante lío al cepillarse los dientes.

Cuando las pequeñeces
se convierten en grandes conflictos

El adulterio puede hacer que un cónyuge dé rápidamente por terminado un matrimonio, pero las pequeñeces pueden acumularse y llegar a ser tan nocivas como un gran conflicto.

Andan rondando por ahí hasta que un par de personas afirman: «Nuestro matrimonio no va más, está muerto».

Una pareja empleó esas palabras para describir el estado de sus relaciones ante un consejero matrimonial. Durante todo el cruce de acusaciones y peleas, el consejero notó que la esposa llamaba al esposo «uno».

Al final, el consejero la miró y le dijo:

—Usted dice que no siente nada por su esposo, pero sin embargo se refiere a él como «uno», es decir que es el «número uno», por lo tanto lo considera importante...

—Se equivoca... Lo he llamado Huno por años, porque es como *Atila el huno.*

¿Puede una mujer perdonar a un hombre que ha actuado con tal brutalidad que lo compara con uno de los mayores tiranos de la humanidad? ¿Puede una pareja tener esperanza cuando el adulterio ha abierto un agujero enorme en sus defensas? ¿Puede recuperarse la pasión en un matrimonio que ha sido devorado por las «zorras pequeñas» de continuas críticas, discusiones, pequeños engaños y reacciones de insensibilidad?

La respuesta es «sí», *siempre y cuando* la base del matrimonio sea el perdón.

NIVELES DE PERDÓN

Me parece que debiéramos modificar los votos matrimoniales. Millones de parejas han prometido «amar, honrar y obedecer» pero quizás necesitamos comprometernos a amar, honrar, obedecer y *perdonar.*

Un matrimonio no es tanto una unión de dos personas que se aman como lo es de dos personas que perdonan. Los mejores matrimonios están formados por dos personas que se han comprometido a perdonar todos los días. Eso quiere decir que Jo Beth y yo necesitamos identificar, manejar y perdonar esas cosas que, como pequeñas zorras, intentan minar nuestra relación y, al mismo tiempo, estar atentos a los grandes carnívoros que acechan en el tenebroso horizonte.

Ahora bien, así como existen diferentes niveles de ofensas, también hay diferentes niveles de perdón. Una ofensa menor como es la salpicadura de pasta de dientes en el espejo del baño no requiere el mismo tipo de perdón que el adulterio. La ofensa menor requiere del perdón diario del cónyuge y que se niegue a hacer una montaña de una insignificancia. El otro tipo de ofensa, requiere de tiempo, oración y de un gran esfuerzo por perdonar. Estos dos tipos de ofensa, por completo diferentes en su gravedad, necesitan diferentes niveles de arrepentimiento y diferentes niveles de perdón.

Algunos creen que todo lo que tienen que hacer para perdonar a su cónyuge es decir: «Te perdono», y no volver a hablar del tema. Sin embargo, eso no es perdón verdadero. El perdón verdadero requiere una transformación que parte de una decisión hecha desde lo profundo del corazón. No es algo mental sino del corazón de donde hay que borrar por completo lo ocurrido.

El perdón no es el balbuceo de unas cuantas palabras amables a la parte ofendida. Esas palabras deben existir, pero hace falta también que sucedan otro tipo de cosas para que el genuino perdón bíblico tenga lugar.

CUESTIONES DEL CORAZÓN

Aceptación

Si tenemos que ocuparnos de una ofensa, en primer lugar debemos aceptar a nuestro cónyuge. La aceptación implica el reconocimiento de que hubo un acto hiriente. No se puede deshacer el daño, ni siquiera en esta época de revisionismo histórico. No podemos cambiar lo que ha pasado ni tampoco mantenerlo oculto por mucho tiempo. Podemos ofrecer excusas o pretextos, pero la realidad indica que los hechos ocurrieron y que debemos enfrentar las consecuencias. Tenemos que hacernos cargo de la realidad.

Es lamentable que algunas personas nieguen que hayan sido heridas o que hayan herido a alguien. «No tiene importancia. Hago como si no hubiera pasado nada y sigo adelante, es demasiado penoso ocuparse de eso». No obstante, la ofensa *existió*. Es un hecho tan real como que Neil Armstrong caminó sobre la superficie lunar.

Cuando las personas caen en la negación, lo que sigue es un proceso peligroso. Aparece la ilusión, entonces esas personas comienzan a vivir en un mundo de fantasía. Si pasan el tiempo suficiente en ese mundo irreal, pueden aislarse por completo de la realidad.

Es vital el reconocimiento de que el adulterio u otro tipo de ofensa tuvo lugar, que realmente existió. ¡No hay que negarlo ni ocultarlo! Recién cuando uno admite la verdad puede avanzar en el perdón y la solución del problema.

Las emociones

¿Cuál es nuestra respuesta emocional cuando nuestro cónyuge comete algún error o nos hace algo malo? Cuando nos hieren, por lo general tenemos una intensa reacción emocional.

Cuando una persona descubre que su pareja incurrió en una relación adúltera, es natural y comprensible que reaccione con ardor. Ante ese tipo de ofensa solemos reaccionar con sentimientos de enojo, dolor, pena y amargura. Y estos sentimientos pueden hacer que dejemos de confiar en nuestro matrimonio.

Cuando alguien traiciona nuestra confianza sentimos un dolor muy profundo y necesitamos tiempo para que esas emociones se sanen y para que pueda restablecerse la confianza. Esta puede ser una parte normal y saludable del proceso de sanidad y perdón. El problema con estos sentimientos es que puede que persistamos en ellos por tiempo indefinido y los usemos como armas en contra de aquel que nos ha herido. El uso de ese tipo de armas siempre causa heridas en la persona y en la relación.

Conozco personas que se han quedado como paralizadas en el tiempo por haberse negado a reponerse de esas emociones negativas y avanzar en busca de lograr el restablecimiento de la relación. Muchos cónyuges me han dicho: «No puedo reponerme de lo él que hizo», o «Todavía me duele o sigo enojado por lo que mi esposa hizo hace años». Y son también muchos los que permanecen con esas emociones tristes y negativas durante años, incluso décadas. Pasan a ser como esas personas que perdieron a un ser querido y no pueden o no quieren dar lugar a la restauración.

Por supuesto que se puede tener una reacción emocional cuando su cónyuge ha cometido un error. La clave está en saber qué hacer con estas emociones agitadas.

¿ESTÁ DISPUESTO A PERDONAR?

Muy rara vez me he encontrado con alguien que me diga: «No estoy dispuesto a perdonar». La mayoría responde de manera automática: «Por supuesto que estoy dispuesto a perdonar».

¿Pero estamos realmente dispuestos?

Piense en su vida, ¿recuerda algún incidente en el que no quiso perdonar?

Jesús ejemplificó su mandamiento de perdonar 490 veces con una parábola excepcional. Describió a un siervo que debía millones al rey. No había manera de que este pobre trabajador pudiera pagar semejante deuda. Por lo tanto, acudió al rey y le rogó que le diera más tiempo para poder cumplir con lo pactado. El rey tenía el derecho legal de enviarlo a prisión, pero perdonó la deuda y dejó que el siervo siguiera su camino.

Uno podría pensar que alguien que recibió semejante demostración de misericordia, buscaría la manera de mostrar esa misma consideración por los demás. Este hombre de seguro se sentía liviano como una pluma. Sin embargo, se dirigió de inmediato en busca de un hombre que le debía una miseria. Lo tomó por el cuello y le gritó: «¡Págame!»

El deudor suplicó que le diera un poco más de tiempo y que le pagaría. Hizo un reclamo que nos suena conocido, sin embargo, este hombre en vez de mostrar el mismo tipo de misericordia que habían tenido para con él, envió al deudor a la cárcel.

«Cuando los demás siervos vieron lo ocurrido, se entristecieron mucho y fueron a contarle a su señor todo lo que había sucedido».

El señor reaccionó con furia: «¡Siervo malvado! ... Te perdoné toda aquella deuda porque me lo suplicaste. ¿No debías tú también haberte compadecido de tu compañero, así como yo me compadecí de ti?» (Mateo 18:31-33).

A continuación, el rey que estaba terriblemente enojado lo entregó a los carceleros para que lo torturaran hasta que pagara el último centavo, por haber sido tan desagradecido (v. 34).

Jesús finalizó la parábola con estas palabras escalofriantes: «Así también mi Padre celestial los tratará a ustedes, a menos que cada uno perdone de corazón a su hermano».

Cuando nos torturen nuestras emociones, debemos sacar la cuenta de si hemos perdonado a los que nos han fallado. El perdonar a los que nos han herido es algo *esencial*, de otra manera permaneceremos encerrados en la prisión de la amargura y el odio.

LLEVAR CAUTIVO TODO PENSAMIENTO

Una vez que perdonamos y abandonamos las viejas heridas, necesitamos dar el paso siguiente para ser verdaderamente libres. Tenemos que «llevar cautivo todo pensamiento» y someternos a Cristo y a su enseñanza (2 Corintios 10:5).

Nuestras mentes son campos de batalla. El enemigo de la humanidad sabe que si puede conquistar este territorio, podrá gobernar a la persona. Satanás, nuestro adversario, nos lanza pensamientos dañinos, ¡esa es su estrategia! Esa clase de pensamiento no pertenece a la mente de Cristo y son por lo tanto incompatibles con aquel que busca seguir a Cristo.

Esos pensamientos adoptan diferentes disfraces. Ya sea que se presenten en forma de pensamientos inmorales, de engaño, de enojo, de lujuria, de odio o de egoísmo debemos tratarlos a todos de la misma manera como si fueran un ejército enemigo y tenemos que hacerles frente como soldados en el campo de batalla. Tenemos que atacarlos y llevarlos cautivos como prisioneros de guerra que entregamos al comandante en jefe, al Señor Jesucristo. Esto deja sin armas a los invasores que ya no pueden seguir amenazándonos.

El apóstol Pablo nos da las indicaciones: «Abandonen toda amargura, ira y enojo, gritos y calumnias, y toda forma de malicia» (Efesios 4:31). ¿Se le ocurre una mejor descripción de los diferentes tipos de pensamientos destructivos que deben ser llevados cautivos a Cristo?

Esos pensamientos intentarán atacarnos de una de estas dos maneras: por medio de subterfugios o de una emboscada. A veces se presentan a hurtadillas mientras que en otras ocasiones permanecen a la espera como una fuerza masiva. Sea cual fuere el caso, debemos tomar la firme decisión de orar y decir algo como lo siguiente: «Padre, no voy a ceder terreno a estos pensamientos, no los voy a tener en cuenta. Me niego a que me impidan avanzar o me dominen. Me niego a tener resentimiento, amargura, enojo y rencor. ¡Entregaré todos estos pensamientos invasores al Señor Jesús!»

A medida que esto se convierte en un hábito descubrimos que nuestras emociones gradualmente pasarán a estar bajo control: el control de Cristo.

DESAFÍOS EXTERNOS

El castigo

No podemos evitar el contacto diario con nuestro cónyuge por lo cual es difícil poder alejarnos del dolor que nos ha causado. Cuando lo miramos sentado al otro lado de la mesa, puede que pensemos que «todo le salió muy fácil». *Debería haber algún tipo de castigo —pensamos— algún tipo de sufrimiento por el dolor que me ha causado.*

¿Cómo podemos manejar los sentimientos hacia una persona que se merece un castigo pero a la que estamos obligados a perdonar? En este punto debemos recordar otro principio bíblico: La venganza es del Señor (p. ej., Deuteronomio 32:35; Romanos 12:19). Tenemos la responsabilidad de perdonar y de permitir que Dios se ocupe de cualquier disciplina o castigo que sea necesario aplicar. A su tiempo, Dios equilibrará la balanza para usted y para mí, y para nuestros cónyuges.

El pago

Muchos de nosotros no tenemos problemas en hacerlo a esta altura del proceso del perdón. Si bien sabemos que Dios se encargará de los asuntos de la retribución, todavía hay algo que nos carcome. Esperamos algún tipo de pago o retribución por los errores que cometieron en nuestro perjuicio. Es como si pensáramos lo siguiente: «Está bien, ya sé que Dios se ocupará de juzgar y de castigar a mi marido, pero yo quiero algún tipo de resarcimiento de todo esto».

Nadie es perfecto y todos necesitamos que nos perdonen así como necesitamos perdonar. Por lo tanto, nadie tiene el derecho de quedarse con algo en contra del cónyuge, sin embargo, lo hacemos igual, ¿no es cierto? Mantenemos esas heridas sobre la cabeza de nuestra pareja como si fuera la espada de Damocles que estamos listos a usar cada vez que necesitemos ejercer presión.

El último paso del perdón requiere que depongamos la espada. Tenemos que permitir que quien nos ha herido pueda salir de esa situación por lo que ha hecho. Eso quiere decir que tenemos que dejar la ofensa atrás y jamás buscar un pago o retribución.

Imagine por un momento que usted ingresa a mi oficina y tira accidentalmente al piso mi lámpara preferida. Ambos contemplamos con desolación los pedazos desparramados por el piso. Nadie podría decir que eso fue alguna vez una lámpara.

Usted me mira con los ojos llenos de remordimiento y dice: «Lo siento. Cuánto lo lamento. ¿Cuánto cuesta? ¡Le voy a comprar otra!».

Cuando usted toma su billetera, yo lo detengo: «No hay problema. No tiene que pagarme nada. Es más, no se lo voy a permitir».

¿Qué fue lo que hice? Lo liberé de la ofensa que había cometido. Sin embargo, sigo necesitando una lámpara en mi oficina por lo que *alguien* tiene que comprarla. Siendo que yo lo eximí a usted de esa responsabilidad, ese alguien, soy yo.

¿Habría estado en mi derecho de permitir que usted pagara por la lámpara? Sí, pero en vez de hacerlo, tuve misericordia de usted y manifesté que la deuda en la que había incurrido al romper mi lámpara, estaba saldada.

Esto mismo debe ocurrir si tenemos la intención de perdonar por completo a una persona.

EL AULA DONDE SE APRENDE DEL PERDÓN

En la cruz

¿Dónde podemos aprender acerca de este tipo de perdón? ¿A qué escuela debemos asistir? El aula donde se aprende esta conducta liberadora es la cruz de Jesucristo.

Mientras nuestro Salvador estuvo suspendido entre el cielo y la tierra, su sacrificio voluntario hizo una declaración para todo el mundo: «*Al morir por sus pecados, cargo con el castigo que se merecen*». Sin embargo, Jesús fue más allá al llevar el castigo y pagar la totalidad del precio por nuestras acciones pecaminosas. Él cargó el castigo por la condición del pecado *en general* y cubrió el costo de todas las cosas que hemos destrozado como consecuencia de nuestras *propias* acciones pecaminosas.

Si hemos de perdonar, debemos aprender del ejemplo de Cristo. En primer lugar, debemos tomar la decisión de perdonar, de cerrar el libro de las cosas malas que nos hicieron. Esa es una tarea de nuestra voluntad. En segundo lugar, necesitamos tomar esos pensamientos que tratan de minar la decisión de perdonar y llevarlos cautivos a Cristo. Esta es una tarea de nuestras emociones. En tercer lugar, debemos confiar en que Dios corregirá los errores y hará el balance de los libros. Esa es una tarea de nuestra mente.

El perdón: un acto y un proceso

Piense en el proceso de perdón como si fuera una compra hecha con la tarjeta de crédito. Imagine que va a una joyería, elige un precioso brazalete de diamantes y saca su tarjeta de crédito. Usted firma el cupón y el brazalete es suyo. Esto ejemplifica que el perdón es un *acto* de la voluntad.

Luego vienen los pagos mensuales. Como ha adquirido un brazalete sumamente costoso, deberá pagar todos los meses durante mucho tiempo. De manera que usted es tanto la persona que compra el brazalete como la que paga todos los meses.

De la misma manera, el perdón es tanto un acto como un proceso. Usted hace una decisión en determinado momento, se llega a un acuerdo y se hace un trato. No obstante, usted elige continuar perdonando a través del tiempo. Se hace cargo de pagar las cuotas a las que se había comprometido en la decisión inicial de perdonar.

¿POR QUÉ PERDONAR?

¿Por qué debemos perdonar? Se me ocurren por lo menos cuatro buenas razones.

1. Dios nos manda perdonar.

La Biblia nos dice: «Sean bondadosos y compasivos unos con otros, y perdónense mutuamente, así como Dios los perdonó a ustedes en Cristo» (Efesios 4:32). Considero que este versículo es tan importante que lo leo a cada pareja que está frente a mí ante el altar. La verdad que expresa este versículo contiene el secreto para toda buena relación o matrimonio.

2. El perdón es parte del carácter de Dios.

Las Escrituras nos dicen que debemos perdonarnos unos a otros así como el Señor nos perdonó (Colosenses 3:13). Perdonar es parte de la naturaleza de Dios y Él lo hace de forma incondicional, aun cuando nosotros no lo merecemos.

Pensemos una vez más en el ejemplo de la tarjeta de crédito. En la cruz, Dios tomó la iniciativa de extendernos el crédito. Cada vez que pecamos contra Él y nos arrepentimos, Él paga una de las cuotas a nuestro favor. Dios nos perdona 490 veces y muchas más.

3. El perdón es algo bueno para nosotros.

No querer perdonar es como echar fertilizante a la «raíz amarga» que brota y corrompe todo lo que toca (Hebreos 12:15) comenzando con el que alberga el resentimiento. La falta de perdón nos puede destruir, y lo digo en forma literal.

Conocí a un hombre que murió de una serie de dolencias que lo afectaron a lo que llamaríamos «mediana edad». Desconozco lo que el médico escribió en su certificado de defunción como causa del fallecimiento, pero debería haber puesto «amargura». Estoy convencido de que este hombre murió en forma prematura porque se negó a dejar atrás o pasar por alto un montón de cosas. Se convirtió en una persona estrecha, cínica y negativa. Su «raíz amarga» se extendió por su alma y la falta de perdón pasó a ser el factor que controlaba su vida. ¿Podría el perdón haber sanado la mente y el cuerpo de este hombre? No tengo ninguna duda de ello.

Resulta irónico que las mismas personas que han actuado mal con nosotros siguen controlándonos si nos negamos a perdonarlos. Tal vez usted reconozca ese sentimiento: Uno no puede olvidar a la persona ni al dolor que nos infligió. Cuando se sienta a disfrutar de una comida deliciosa, esa persona se sienta al otro lado de la mesa, como si fuera un fantasma. Resulta que va usted conduciendo su automóvil y conversa imaginariamente con esa persona, y le dice lo que le gustaría hacerle. O lo que es peor, le dice lo que espera que Dios haga con ella o dónde espera que Dios lo mande. Ese control que la persona tiene sobre usted solo terminará cuando por medio del poder de Cristo logre perdonarla por los errores específicos que cometió contra usted.

4. Perdonamos de manera que también seamos perdonados.

Todos hemos escuchado y recitado en numerosas ocasiones la parte del Padrenuestro donde Jesús nos enseña que digamos: «Perdónanos nuestras deudas, como también nosotros hemos perdonado a nuestros deudores» (Mateo 6:12). Esta sencilla frase del Padrenuestro nos dice con claridad lo que la Biblia enseña en varios lugares acerca del perdón: Si no perdonamos a los demás, entonces Dios no nos va a perdonar a nosotros. Si usted se niega a perdonar a su cónyuge, entonces esta afirmación bíblica de seguro que le produce escalofríos.

Cuando uno se niega a perdonar, queda prisionero dentro de una profunda y oscura celda emocional y espiritual. Para poder salir de ese lugar espantoso y sofocante uno debe perdonar con todo su ser, con el corazón. Eso significa que cuando depone las armas, las entierra y quema el mapa del lugar donde están enterradas.

EL PERDÓN DE DIOS ESTÁ ASEGURADO

El perdón de Dios parece ser algo demasiado bueno como para ser verdad. Cada vez que hablo del perdón, alguien suele preguntarme: «¿Está seguro que Dios me perdonó cuando se lo pedí?», o «No me siento perdonado, tal vez eso no sucedió».

Suelo alentar a estas personas atribuladas recordándoles que Dios es fiel y que cumple sus promesas. Luego les enumero varias de las promesas de perdón que Dios nos ha dado.

La primera es una promesa «este-oeste». Dios quita nuestro pecado y lo aleja de nosotros «como lejos el oriente está del occidente» (Salmo 103:12). Ahora, piense en ello por un momento. Es una distancia infinita, un lugar que no se puede localizar en el mapa.

Luego tenemos la promesa «amnesia» del Señor. Así como para nosotros es difícil poder olvidar, Dios nos perdona de manera tan plena que ni siquiera recuerda nuestro pecado una vez que nos hemos arrepentido y hemos conocido su misericordia. «Yo les perdonaré su iniquidad, y nunca más me acordaré de sus pecados» (Jeremías 31:34).

En ocasiones, se nos hace difícil perdonar y dejar en libertad al otro porque seguimos sacando a relucir de continuo nuestra propia culpa. Creemos que Dios, que es santo, mantiene el registro de todos nuestros pecados ante sí todo el tiempo, pero no es así. Cuando le pedimos a Dios que nos perdone por algún pecado que hemos cometido y que ya hemos confesado puede que Él se pregunte de qué estamos hablando. Él ya lo ha olvidado.

Dios también nos ha dado la promesa que me gusta llamar «quitamanchas». Es por medio del profeta Isaías que Dios nos dice: «¿Son sus pecados como escarlata? ¡Quedarán blancos como la nieve!» (1:18).

Imagine que derrama jugo de uva en una camisa blanca. Solo un quitamanchas muy poderoso podría limpiarlo pero es muy probable que quede una aureola violácea. Cuando Dios nos perdona, no queda ni una manchita de la suciedad del pecado.

Por ultimo, tenemos la promesa de Dios «profundidad marítima» que refiere el profeta Miqueas. Dios «arroja al fondo del mar todos nuestros pecados» cuando nos arrepentimos y recibimos su perdón (7:19). Y, como solía decir mi estimada amiga Corrie ten Boom: «Él no solo arroja al fondo del mar nuestros pecados, sino que coloca un letrero que dice: "Prohibido pescar"».

La mayoría de nosotros tenemos problemas para perdonar a nuestra pareja hasta que nos enfrentamos a nuestra propia necesidad del asombroso perdón divino. Una vez que nos confrontamos con el enorme dolor que hemos ocasionado al Padre, comenzamos a comprender que la peor de las ofensas en el matrimonio, incluso el adulterio, no tienen ni punto de comparación.

¿Y QUÉ DE USTED?

El mundo entero tararea, canta y hasta toca con la gaita ese maravilloso himno: «Sublime gracia». Sin embargo, no todos conocen la rica historia de su creación.

La marina británica obligó a John Newton, el compositor del himno, a hacerse a la mar en 1744. Se escapó, mas fue capturado y azotado en público. A su solicitud, la armada lo asignó a un barco de esclavos. Finalmente, Newton llegó a ser dueño de la nave que seguía siendo un barco de esclavos.

El 10 de mayo de 1748, su frágil embarcación se enfrentó con una terrible tormenta. Newton estaba seguro de que el barco iría a naufragar por lo que clamó a Dios por misericordia. Cuando la lluvia y el viento cedieron, Newton regresó a su cabina y no pudo dejar de pensar en la ironía de su pedido. Había clamado a Dios por misericordia cuando tenía un barco lleno de personas encadenadas, que habían sido secuestradas de su lugar de origen y enviadas con su barco al mercado de esclavos.

Sobrepasado por el sentimiento de su escasa valía, Newton se dio cuenta de que Dios había extendido hacia él una gracia, un favor inmerecido que solo se podía describir con la palabra «sublime».

¿Y qué de usted? ¿Cuál es su historia de la «gracia sublime»? Cuando analizamos el asombroso alcance del perdón de Dios, hallamos las fuerzas y el poder para perdonar a nuestro cónyuge 490 veces *y muchas más*.

REFLEXIONE SOBRE SU RELACIÓN

1. ¿En qué aspectos específicos del matrimonio le cuesta más obedecer el mandato de Jesús de perdonar «setenta veces siete»?

2. Haga una lista de algunas de las «pequeñas zorras» que tiene que perdonar.

3. ¿Qué es lo que suele detener su disposición a perdonar?

4. ¿Por qué habría Dios, en su perfecta santidad, admitirlo a usted en el cielo aun cuando le ha fallado a causa de su pecado?

UN
COMENTARIO
PERSONAL

Mantendrás la llama de tu hogar siempre encendida

El amor puede madurar, pero la llamita siempre debe permanecer encendida. Si no es así, algo anda mal. Este mandamiento es el secreto para que el romanticismo siempre reine en su hogar.

—E. Y.

Mandamiento 8

MANTENDRÁS LA LLAMA DE TU HOGAR SIEMPRE ENCENDIDA

«Uno de mis objetivos en la vida es tener un matrimonio feliz».

Esa es la respuesta que dan la mayoría de las personas cada vez que los encuestadores les preguntan qué esperan de la vida. Si bien Jo Beth y yo nunca hemos sido encuestados, ese ha sido nuestro objetivo máximo en la vida desde que nos casamos hace más de cuatro décadas. Jamás olvidaré ese día. Su tío ya fallecido, fue quien presidió la ceremonia. Mientras nos miraba directo a los ojos, citó las palabras del poeta Robert Browning:

¡Envejece conmigo!
Aún resta lo mejor,
el fin último para lo que fuimos creados.
Nuestro tiempo está en manos
del que dijo: «Mi plan es completo,
y la juventud es solo la mitad.
Confía en Dios, mira el todo y no temas»[1].

Me parece que todas las parejas frente al altar quieren creer eso de que «aún resta lo mejor». No obstante, para que esas palabras se hagan realidad, tenemos que poder decirle con sinceridad a nuestra pareja: «Envejece conmigo». Y la mejor manera de asegurarnos de que suceda es manteniendo viva la llama del amor.

EL MATRIMONIO ES UN TRABAJO

Contrariamente a lo que muchos piensan, los buenos deseos y la buena suerte nada tienen que ver con la salud y la felicidad matrimonial. Un buen matrimonio es el resultado del esfuerzo y de colocar los eternos principios de la Palabra de Dios en el centro de la relación. La felicidad matrimonial es una elección que depende de la voluntad. Es la consecuencia de hacer lo necesario para que el amor crezca y madure aun en los momentos difíciles que sin duda llegarán.

Esta es la idea que brinda el fundamento para mi octavo mandamiento: *Mantendrás la llama de tu hogar siempre encendida.*

El matrimonio casi nunca es una propuesta sencilla. En algún momento todo matrimonio ve que se acaba la dicha de la luna de miel. Aun así, que termine la luna de miel no implica necesariamente que se termine la felicidad o la pasión. Toda pareja casada puede mantener la llama del amor viva durante mucho tiempo, aun cuando la luna de miel sea solo un dulce recuerdo. ¿Cómo hemos de lograrlo? De eso se trata este capítulo. Comenzaremos con la historia de una pareja que nos recuerda la necesidad de trabajar por nuestro matrimonio.

UN MATRIMONIO CONCERTADO EN EL CIELO

Una historia de amor verdadera

En una época en que tanto hombres como mujeres se casaban a temprana edad, Isaac ya había pasado los 40 y recién se encontró con Rebeca. ¿Por qué le llevó tanto tiempo a Isaac hallar a su pareja, a la elegida? Porque él había decidido obedecer a Dios a cualquier costo.

Isaac habitaba una región pagana donde había todo tipo de mujeres. Sin embargo, él sabía que no debía casarse con alguien que no compartiera su fe. Quería casarse con una mujer que creyera en el único y verdadero Dios, y se negó a aceptar cualquier otra opción. Si no podía hallar una mujer así, permanecería soltero. Y así fueron las cosas durante muchos años.

Después que falleció Sara, la madre de Isaac, Abraham tomó la responsabilidad de que su hijo cambiara de estado civil. Según las costumbres de la época, Abraham encargó a uno de sus siervos de confianza la tarea de hallar esposa para Isaac: «Júrame por el Señor, el Dios del cielo y de la tierra, que no tomarás de esta tierra de Canaán, donde yo habito, una mujer para mi hijo Isaac, sino que irás a mi tierra, donde vive mi familia, y de allí le escogerás una esposa» (Génesis 24:3-4).

Entonces el fiel siervo partió en busca de una esposa para Isaac y siguió las instrucciones de su amo al pie de la letra ya que fue extraordinariamente lejos para asegurarse de hallar la mujer correcta. Finalmente, dio con una pastora encantadora y bella. Cuando la conoció, no tuvo dudas de que Dios la había elegido para que fuera esposa del hijo de su amo.

Isaac esperó durante muchos meses, tal vez hasta uno o dos años, a que el sirviente regresara con la que habría de ser su esposa. Las Escrituras nos describen una de las escenas más románticas con las siguientes palabras:

> Una tarde, salió a dar un paseo por el campo. De pronto, al levantar la vista, vio que se acercaban unos camellos. También Rebeca levantó la vista y, al ver a Isaac, se bajó del camello y le preguntó al criado:
> —¿Quién es este hombre que viene por el campo a nuestro encuentro?
> —Es mi amo —contestó el criado.
> Entonces ella tomó el velo y se cubrió. El criado le contó a Isaac todo lo que había hecho. Luego Isaac llevó a Rebeca a la carpa de Sara, su madre, y la tomó por esposa (vv. 63-67).

¿Una historia de amor? ¡Vaya si lo es! Y también es la historia de un hombre piadoso que esperó que el Señor le manifestara los detalles referidos a su matrimonio. Isaac tuvo la fe suficiente como para creer que Dios le habría de dar a la persona correcta, en el lugar indicado y en el momento preciso. Tanto él como su familia habían orado por esa necesidad y se negaron a comprometerse. El resultado habla por sí solo: «Isaac amó a Rebeca».

Como todo matrimonio

Si consideramos cómo comenzó este matrimonio pareciera imposible que esa relación no fuera perfecta. Sin embargo, pronto aparecieron los problemas y se multiplicaron. Hacia fines del capítulo 27 de Génesis, luego de años de matrimonio y cuando ya tenían varios hijos, la dualidad, la competencia, el antagonismo, las tensiones y el enojo se habían introducido en la familia de Isaac.

La mención bíblica de que el matrimonio es una unión que se lleva a cabo en los cielos ejemplifica algo que toda pareja necesita recordar. Aun los matrimonios con el mejor de los comienzos *tendrán* que enfrentar problemas. Con el paso del tiempo, la llamita del amor puede apagarse o consumirse. Si no la cuidamos, puede apagarse. A menos que los esposos trabajen duro para mantener esa llama encendida, puede llegar el día en que se despierten y en vez de hallar brasas se encuentren con una brisa helada que atraviesa el dormitorio.

LAS TRES ETAPAS DEL MATRIMONIO

¿Qué puede hacer una pareja para evitar que su matrimonio se enfríe? ¿Cómo podrán mantener encendido el fuego del amor y la pasión?

¿Cómo hace usted para mantener encendido un fuego? Se ocupa de cuidarlo, lo alimenta, lo cuida y lo aviva. Déjelo sin atención y pronto se extinguirá por sí solo.

Lo mismo sucede con el matrimonio: da trabajo. Sin embargo, si uno persevera y aplica con fidelidad los principios divinos a su matrimonio, puede disfrutar de una fabulosa relación en constante crecimiento.

Para tener éxito al mantener una fogata encendida, sea en el campo o en el matrimonio, también depende de cómo se va desarrollando y de lo que necesita en las distintas etapas. Pensando en esto, veamos tres etapas clave del fuego matrimonial.

1. La etapa de la luna de miel

Prácticamente todas las parejas han pasado por la etapa de la luna de miel. En esta etapa, el cónyuge no comete ningún error y sencillamente no puede uno estar sin el otro. La etapa de la luna de miel está llena de noches de luna llena, de rosas, violines y velas. El fuego arde en todo su esplendor y uno disfruta del calor de la llama. Es un momento maravilloso.

Como ya hemos visto, el Cantar de los Cantares ofrece la imagen más romántica y erótica de todas las Escrituras. Describe a la perfección lo que sucede entre los esposos durante la etapa de la luna de miel, que es cuando ambos se concentran y se deleitan en el otro. Veamos la pasión que compartían Salomón y su esposa:

El amado
Como azucena entre las espinas
es mi amada entre las mujeres.

La amada
Cual manzano entre los árboles del bosque
es mi amado entre los hombres.
Me encanta sentarme a su sombra;
dulce a mi paladar es su fruto.
Me llevó a la sala del banquete,
y sobre mí enarboló su bandera de amor.
¡Fortalézcanme con pasas,
susténtenme con manzanas,
porque desfallezco de amor!

El amado
Paloma mía, que te escondes
en las grietas de las rocas,
en las hendiduras de las montañas,
muéstrame tu rostro,
déjame oír tu voz;
pues tu voz es placentera
y hermoso tu semblante.

La amada
Mi amado es mío, y yo soy suya;
él apacienta su rebaño entre azucenas.
Antes de que el día despunte
y se desvanezcan las sombras,
regresa a mí, amado mío.
Corre como un venado,
como un cervatillo
por colinas escarpadas
(2:2-5,14,16-17).

La canción de amor de Salomón muestra a dos personas que pasan todo el tiempo juntos deleitándose y que cuando están separados se lamentan por no poder estar juntos. Es una pasión que los consume pero sin hacerles daño. No desean más que estar uno con el otro y se sienten plenos en todo sentido: físico, emocional y espiritual.

La pasión de esta etapa de luna de miel está teñida de idealismo. Ambos cónyuges ven al otro perfecto en todo sentido: «Toda tú eres bella, amada mía; no hay en ti defecto alguno» (4:7). No existe en el mundo criatura tan perfecta como el objeto de amor en la etapa de la luna de miel. Él es todo lo que un hombre podría ser y ella encarna la perfección femenina. Ambos parecen estar ciegos ante cualquier mancha o defecto del otro. Solo desean tomarse de la mano, mirarse a los ojos y hacer el amor, día y noche.

Cierto escritor hizo la descripción de una amiga en la etapa de luna de miel:

> Ella afirma que el cielo nunca ha sido tan azul y ha notado la delicada fragancia de las lilas que crecen a un lado del garaje si bien había pasado por allí cientos de veces sin darse cuenta. Mozart la emociona hasta las lágrimas. En resumidas cuentas: la vida jamás ha sido tan excitante. «¡Me siento joven!» gritará satisfecha. Debo admitir que el joven debe ser mejor que un levantador de pesas. Ella ha perdido peso y parece una chica de las portadas de revistas. Ahora se interesa por la forma de sus muslos y caderas[2].

Sin embargo, este estado no dura para siempre, a pesar de que quienes lo viven no puedan creerlo. La segunda etapa del amor marital tiene lugar justo cuando irrumpe la realidad.

2. La etapa del final de la fiesta

Es durante esta etapa cuando la pareja conoce en realidad al otro. Es cuando comienzan a verse como son en su condición de seres humanos que tienen manchas e imperfecciones.

Muchas parejas se sienten traumatizadas en cuanto esta etapa asoma. Incluso puede aparecer cierto «remordimiento del comprador». Ella se cuestiona si ese es el hombre con el que creyó haberse casado mientras él se pregunta qué sucedió con esa cosita tan dulce, joven y amorosa de la que nunca se cansaba durante los primeros años de matrimonio. El consejero Kay Kuzma escribe que «para la mayoría de nosotros, el día de la boda es un momento destacado de la vida. Sin embargo, la luna de miel pronto se termina y los sueños de romanticismo y velas que tenemos durante el noviazgo a menudo se disuelven en la realidad plagada de platos sucios y pañales»[3].

Si ha estado casado por algún tiempo, ha llegado a esta etapa. Hasta Salomón, el joven escritor de sangre ardiente que redactó los versos de Cantar de los Cantares llegó a esta etapa. El mismo hombre que escribió acerca de la perfección de su joven esposa más tarde escribió: «Gotera constante en un día lluvioso es la mujer que siempre pelea. Quien la domine podrá dominar el viento y retener aceite en la mano» (Proverbios 27:15-16). Y en lo que parecía ser uno de sus peores días, profirió estas palabras mordaces: «Y encontré algo más amargo que la muerte: a la mujer que es una trampa, que por corazón tiene una red y por brazos tiene cadenas. Quien agrada a Dios se librará de ella, pero el pecador caerá en sus redes» (Eclesiastés 7:26).

Es difícil hacerse una imagen mental agradable de algún tipo con esas frases tan duras. Imaginen lo que debe ser tratar de dormir mientras se escucha el golpeteo constante de la lluvia sobre el techo, o tratar de ir al trabajo con los pies en una trampa, el corazón hecho un nudo y maniatado. Esa es la manera en que Salomón pinta con palabras cómo se siente un esposo que se dio cuenta de que la fiesta terminó.

Claro que no toda la infelicidad marital se puede endilgar a una mujer fastidiosa o desdeñada. ¡De ninguna manera!

«Julián actúa de manera diferente ahora que cuando eran novios o durante los primeros años de matrimonio», cierto psicólogo cristiano escribió:

> Julián solía ser atento y espontáneo. A Sofía le encantaban los momentos en que compartían sueños, deseos, temores y sentimientos. Sin embargo, al año de casados, las cosas comenzaron a cambiar. Julián comenzó a interesarse más y más en su nuevo empleo y cada vez menos en su esposa. Las largas conversaciones que solían mantener pasaron a ser breves charlas que eran más un intercambio de

información que un diálogo profundo. Cuando Sofía se lo planteó, él le dijo que no fuera tan sensible. Él la seguía amando como antes, solo que intentaba demostrarle a su jefe que él era alguien confiable y que estaba cansado físicamente[4].

En esta etapa matrimonial, la pareja debe tomar una decisión. Los esposos que sienten que «la fiesta se terminó» tienen tres opciones.

Primero, pueden asumir una actitud de triste decepción en espera de que algo suceda. Viven bajo el mismo techo una existencia amargada a la vez que intentan mantener las apariencias de una unión feliz. Se sienten aburridos el uno del otro, enojados, con sentimientos de hostilidad o de indiferencia, pero siguen juntos por causa de los hijos o porque no piensan en el divorcio.

Segundo, pueden optar por divorciarse. Son muchas las parejas que a causa de la desilusión que les causa el llegar a esta etapa del fin de la fiesta, deciden claudicar.

Sin embargo les tengo buenas noticias. Ninguna pareja necesita elegir entre vivir junta una existencia amarga o dar por terminado su matrimonio. Hay una tercera opción. La pareja que opte por ella decide no solamente permanecer junta sino hacer todo lo posible para que el matrimonio sea feliz y saludable de una manera genuina.

3. La etapa de «todavía falta lo mejor»

Las parejas que deciden atravesar la etapa del fin de la fiesta pasan a la etapa más excitante y gratificante de todas: la etapa de «todavía falta lo mejor».

Esta etapa va en contra del viejo dicho de que el amor es ciego. Este amor, un amor maduro, es muchas cosas *menos* ciego. Es un amor que lo ve todo en su amado, conoce todas las manchas, imperfecciones y rarezas, sin embargo, no hace más que prodigar a su pareja palabras y demostraciones de afecto y amor. No hay nada que pueda extinguir este amor. Es un amor que puede soportar cualquier cosa, incluso los cambios radicales en los que incurren los cónyuges luego de años de matrimonio.

Cuando el especialista en textos bíblicos Kenneth S. Kantzer cumplió su cincuenta aniversario de bodas, escribió una columna para la revista *Christianity Today* titulada: «La libertad de los celos». Podemos hallar mucha sabiduría en sus palabras:

Mi esposa tiene setenta y cinco años. Su rostro puede verse surcado por «arrugas de la edad», según ella las llama y, debido a su feminidad, las aborrece.

Por mi parte, pienso que esas líneas que enmarcan su rostro son hermosas y las amo. Suelo decirle que puede que aparezcan con los años, pero que son marcas del temperamento y no arrugas de la edad. Le recuerdo la frase que un amigo vio adherida en una luneta: «Si tiene cincuenta y no tiene arrugas, es porque no ha sonreído lo suficiente».

Llevamos cincuenta años casados y seguimos efectivamente enamorados. Nuestro amor es más intelectual, con un mayor entendimiento que el de hace cincuenta años. Es también más profundo y más fuerte, y no menos ardiente. Es un amor celoso, que es como debe ser. Después de todo, Dios es celoso (Éxodo 20:5 y Deuteronomio 5:9). Él quiere que lo amemos solo a Él como nuestro Dios, pero eso no agobia nuestro amor por los demás sino que es a la inversa. ¡Nos deja en libertad para amar a los otros!

Lo mismo sucede con nuestro amor como esposos. Nos da todo y nos demanda todo si bien no afecta el amor que cada uno tiene por Dios. Tampoco hace que el amor por nuestros hijos sea menor, ni el que sentimos por nuestros hijos políticos, nuestros nietos, nuestros amigos y demás personas. Cuanto más ame, mayor será su capacidad de amar...

Cincuenta años es mucho tiempo para que dos personas vivan juntas, pero para nosotros cada año es mejor que el anterior. Y le damos las gracias a Dios[5].

Cualquiera puede disfrutar de esta etapa de «todavía falta lo mejor», siempre y cuando ambos apliquen algunos principios bíblicos básicos al matrimonio. Y lo que es mejor aun, el amor maduro de esta etapa ofrece un romance excitante y mucho más genuino que el de la etapa de la luna de miel. Cualquier esposo o esposa puede mirar a su cónyuge de cinco, diez, quince o más años de casados (incluso medio siglo) y decir con sinceridad: «Estoy sumamente feliz de que envejezcamos juntos».

SEMBLANZA DEL AMOR MADURO

Me encantaría poder afirmar que los muchos y maravillosos años que llevo de casado con Jo Beth me han dado la habilidad de demostrar cómo es el verdadero amor maduro. Sin embargo, podría vivir cien años más y jamás alcanzar el alto estándar bíblico de lo que es el amor maduro.

Leamos la definición que Dios da acerca del amor maduro, que encontramos en el famoso «capítulo del amor», 1 Corintios 13:

El amor es paciente, es bondadoso. El amor no es envidioso ni jactancioso ni orgulloso. No se comporta con rudeza, no es egoísta, no se enoja fácilmente, no guarda rencor. El amor no se deleita en la maldad sino que se regocija con la verdad. Todo lo disculpa, todo lo cree, todo lo espera, todo lo soporta. El amor jamás se extingue (vv. 4-8).

Me encanta la simplicidad del pasaje. De muchas maneras, nos da una explicación detallada de las palabras de nuestro Señor: «Traten a los demás tal y como quieren que ellos los traten a ustedes» (Lucas 6:31).

¿Cómo calificaría el amor que siente por su cónyuge? ¿Se encuentra en alguna de las dos primeras etapas del amor marital o su amor es maduro? Lo animo a que haga la siguiente prueba que me gusta hacer de vez en cuando. Use 1 Corintios 13 como lista de comprobación personal.

El amor maduro es...

- Paciente. Soy capaz de soportar las imperfecciones de mi pareja.
- Bondadoso. Hago actos de bondad para con la otra persona.
- Se regocija con la verdad. Mi amor crece sobre la base de la sinceridad y la integridad.
- Confiado. Yo creo en lo mejor de mi cónyuge
- Esperanzado. Espero lo mejor para mi cónyuge y por parte de mi cónyuge.
- Perdurable. Mi amor perdura aun en los momentos difíciles.

El amor maduro no es...

- Envidioso. Por el contrario, descansa seguro.
- Jactancioso. Por el contrario, evita la autoadulación.
- Orgulloso. Por el contrario, es humilde.
- Egoísta. Por el contrario, antepone las necesidades y los deseos del cónyuge.
- Enojadizo. Por el contrario, reprime los exabruptos.
- Vengativo. Por el contrario, el amor maduro perdona aun cuando lo tratan injustamente.

Por sobre todo...

- ¡El amor nunca deja de ser! Siempre estaré dispuesto a apoyar a mi cónyuge.

PASOS PARA LOGRAR UN AMOR MADURO

El amor maduro puede permanecer firme ante cualquier desafío que se le presente. Perdura a través de los años pero solo si uno elige dar los pasos necesarios para hacer que ese amor crezca. Analizaremos ciertos principios básicos que pueden hacer que su amor crezca y se convierta en el amor maduro que usted desea. Póngalos en práctica y verá que ¡aún resta lo mejor!

1. Bendiga con su boca.

El primer principio básico es: *hablar*. Tenemos que expresar palabras que bendigan a nuestra pareja y hacerlo en forma constante.

Demasiado a menudo, las palabras parten de nuestros labios sin pensarlas y podemos herir a nuestro cónyuge sin darnos cuenta. No sé si a usted le sucede lo que a mí, pero los reproches hirientes me surgen con naturalidad mientras que las apreciaciones positivas tengo que pensarlas. La Biblia dice que la lengua es el músculo del cuerpo más difícil de controlar. «Con la lengua bendecimos a nuestro Señor y Padre, y con ella maldecimos a las personas, creadas a imagen de Dios. De una misma boca salen bendición y maldición» (Santiago 3:9-10).

Algunas parejas caen en el mal hábito de denigrarse el uno al otro en presencia de terceros. Uno rebaja al otro y, animado por las risas, hace bromas con lo que su cónyuge dijo, cómo lo dijo o en cuanto a su apariencia, a cuánto come o al dinero que gasta. Animan la fiesta de esta manera, con bromas e insultos contra el cónyuge de manera que haría aparecer como un principiante a cualquier comediante famoso.

Esto es lo mismo que de la boca salga maldición. Puede que la pareja se ría al principio y parezca estar todo bien, pero luego de un tiempo esa conducta cansa. Si alguien me ridiculiza o denigra todo el tiempo, comenzaré a preguntarme si en realidad no será *ese* el concepto que tiene de mí.

La mejor manera de destruir un matrimonio es cuando la pareja se ataca mutuamente. En vez de eso, de nuestra boca debe salir bendición. Aun cuando no deje de lado el humor, practique el hacer comentarios alentadores y cumplidos que sirvan de estímulo a su cónyuge. Tenemos que prodigarnos la bendición divina unos a otros.

La palabra *bendición* es una combinación de otras tres: *deseo*, *bueno* y *palabra*. Así que, para bendecir a nuestro cónyuge debemos expresar una *palabra de deseo* y una *palabra buena*. Esto produce sanidad y cura las heridas que producen los conflictos. Cuando la bendición es el patrón de comunicación que siguen los esposos entonces el matrimonio accede a la etapa de amor maduro.

El psicólogo Nathaniel Branden estudió los hábitos de las parejas que habían estado felizmente casadas durante muchos años. Él resalta nueve maneras en que un matrimonio puede mantener el amor vivo. ¿Adivinan cuál es la primera?

«Según mis estudios» escribe, «así como también de los de otros consejeros matrimoniales, surge que las parejas felices son las que se dicen con frecuencia: *"Te amo"*. Las parejas felices expresan su amor con palabras. No dicen: "¿Qué quieres decir con eso de si te amo o no? ¿Acaso no me casé contigo?" "Decirlo con palabras" destaca una mujer, "es como una caricia"»[6].

Si deseamos matrimonios que no solamente perduren sino que sean mejores cada vez, necesitamos aprender la manera de mostrar nuestro reconocimiento por nuestro cónyuge. Practique esto de *expresar palabras* de aprobación y bendición. Asegúrese de que sus palabras hacia su cónyuge o respecto de él, ya sea en privado o frente a otras personas, sean de elogio, sean constructivas, de ánimo y de sanidad. Háblense con palabras positivas y vean cómo se aviva el fuego del amor con cada bendición que añaden a la fogata.

2. Sea franco y confiese.

En la conocida película *Love Story* de los años 70, basada en la también famosa novela de Erich Segal, hubo una frase que trascendió. Se la vio en adhesivos pegados en los parachoques de los autos, en afiches, en el periódico y, para colmo, pasó a ser la sabiduría convencional de los jóvenes enamorados. ¿La frase? «Amar significa no tener nunca que pedir perdón».

¡Esa frase me vuelve loco! No hay nada que se aleje más de la verdad. Amar significa tener que pedir perdón, ¡en muchas oportunidades! El amor maduro lleva a que el esposo le pida perdón a la esposa todas las veces que se da cuenta que la ha herido en algún sentido. El amor maduro impulsa a la esposa a decir: «Lo siento», y a reparar el error cada vez que se da cuenta que ha lastimado a su esposo.

El apóstol Santiago lo expresa de la siguiente manera: «Por eso, confiésense unos a otros sus pecados, y oren unos por otros, para que sean sanados» (Santiago 5:16). Por lo general, aplicamos este pasaje para los casos de personas enfermas, pero puede aplicarse también al matrimonio enfermo. Si desea un matrimonio que con el paso de los años arda cada vez con una llama más brillante, entonces *abra su corazón* y confiésense los pecados.

Para que un matrimonio pueda acceder a la etapa de amor maduro, la pareja debe admitir sus errores. Es sumamente frecuente que gasten sus energías en tratar de «ganar» las batallas matrimoniales. Sin embargo, esa necesidad de tener siempre la razón es signo de inmadurez. Se es maduro cuando uno puede reconocer un error, pide perdón y sigue adelante.

La confesión que sana las heridas es específica para referirse a la ofensa cometida. Puede ser algo como lo siguiente:

- «Discúlpame por no prestarte atención hace unos momentos cuando quisiste hablarme de tu madre».
- «Por favor, perdóname por mi respuesta sarcástica».
- «Perdón por no haberte consultado antes de comprar la silla».

Cuando nos humillamos y confesamos nuestro pecado de forma específica, suceden todo tipo de cosas maravillosas para con Dios y para con nuestro cónyuge. Se abren las líneas de comunicación y se produce la sanidad incluso de las heridas antiguas. Y lo mejor de todo es que cuando nos confesamos las faltas, nos acercamos a Dios quien derrama su perdón y su divina bendición sobre nuestro matrimonio.

3. No cambie a su pareja, cambie usted.

Muchas parejas primero llegan hasta el _altar_ para luego comenzar a _alterar_. Hay algo en la naturaleza humana que nos hace querer corregir, mejorar, cambiar y modificar a la gente que nos rodea. En el matrimonio, esta revisión no hace más que crear problemas mayores.

A Elizabeth Cody Newenhuyse le llevó diez años convencerse de que no podía cambiar a su hombre para que se pareciera a la imagen que ella atesoraba en la mente. «Necesitamos admitirlo» escribe ella. «Todos hemos intentado cambiar a nuestro esposo. Sin embargo, luego de diez años, me doy por vencida. Fritz fue a Harvard pero jamás logró entender que los líquidos que se derraman se _solidifican_ si no se limpian de inmediato. Intenté enseñarle al respecto, grité, rogué e incluso fui yo misma a buscar el estropajo para limpiar el piso. No obtuve ningún resultado. He llegado a la conclusión de que se trata de una diferencia hormonal básica: los hombres no limpian el piso sencillamente porque no ven las cosas derramadas. Así que, me dejo de fastidiar y paso el trapo»[7].

Cuando pensamos que nuestra tarea es cambiar al otro, estamos en graves problemas. Puede que la esposa piense que podrá lograr que su esposo sea más pulcro y cuidadoso o que el esposo crea que podrá hacer que su esposa sea más apasionada. El resultado final es por lo general la frustración, o algo peor.

No tengo idea de quién nos dijo que nuestra tarea es cambiar a quienes nos rodean, pero debemos dejar esa idea de lado en especial en nuestro matrimonio. Debemos dejar de empujar o manipular a nuestro cónyuge para que sea lo que nosotros queremos que sea. Y debemos también dejar de pedirle a Dios que cambie a nuestra pareja según nuestra propia visión de la perfección.

Yo soy responsable de cambiar a una sola persona: Ed Young. (Y en realidad hay alguien que se encarga de hacerlo). Nuestra tarea no consiste en cambiar a nadie que no sea a nosotros mismos. No es mi tarea cambiar a Jo Beth ni a nuestros tres hijos ni a sus familias. Acepte a su esposo o esposa de manera incondicional y permita que Dios obre todos los cambios que sean necesarios.

Hace algunos años escuché la historia del matrimonio de Dorothy Payne (Dolly) y su esposo al que ella llamaba Jimmy. Dolly, que era 20 años menor que Jimmy y estaba un poco rellenita, prefería elegir vestidos con colores chillones. En los encuentros sociales, ella siempre acaparaba el protagonismo y era el alma de la fiesta. Jimmy era el polo opuesto, se tomaba todo con seriedad. Era reflexivo y estudioso, lo que lo hacía una persona bastante introvertida. En vez de vestirse con colores brillantes o a la moda, se vestía como si fuera un director funerario que asiste a su propio entierro.

Sin embargo, en ese matrimonio, ni Dolly ni Jimmy trataron de cambiar al otro. Él aportaba serenidad al carácter chispeante de Dolly mientras ella añadía cierto sentido del humor a la naturaleza reservada de su esposo. Cuando alguien cuestionaba una decisión de su esposo, ella respondía: «Yo supongo que mi esposo siempre tiene razón, pero equivocado o no, él es mi esposo». Como ninguno trató de cambiar al otro, disfrutaron de una relación maravillosa. En realidad, ella estaba muy contenta de haberse casado con Jimmy, el señor James Madison, cuarto presidente de los Estados Unidos.

CÓMO LOGRAR UN MATRIMONIO MADURO

Cuando intente desarrollar un amor marital maduro, tenga en cuenta estos seis indicadores. Para llegar a ser maduros, tiene que existir:

1. Motivación. Nadie puede lograr algo que valga la pena sin la motivación adecuada. Lograr construir un matrimonio es una tarea dura y para poder contar con la energía necesaria se necesita hallar la motivación dentro de uno mismo. Sin embargo no es algo tan difícil. ¿Desea en verdad un matrimonio feliz y duradero? ¿Desea agradar y bendecir a Dios? ¿Quiere poder dar un buen ejemplo de lo que Cristo puede hacer en el corazón del hombre? Cuando traiga a la mente el objetivo y las consecuencias, hallará la motivación.

2. Atención. La atención es la clave de todo buen matrimonio así como la falta de ella es un síntoma de un matrimonio enfermo. Hay que prestar atención a los pensamientos, sentimientos y necesidades de la pareja. Hay que estudiar con cuidado al cónyuge y prestar atención a lo que le gusta o le disgusta, a sus fortalezas y debilidades, a sus manías y a las cosas que disfruta. Hay que identificar esas cosas y luego actuar en consecuencia. Nadie puede pasar a la tercera etapa del matrimonio sin antes desarrollar el hábito de ser atento para con su pareja.

3. Dulzura. El apóstol Pablo nos dice que debemos ser «bondadosos» (Efesios 4:32). Todo hombre que quiera un buen matrimonio debe ser dulce y bondadoso con su esposa. De la misma manera, todo hombre por más grande, duro o rudo que parezca necesita la bondad y la dulzura de su esposa. Así que esfuércese por hallar formas creativas de demostrar bondad y dulzura, luego, ¡aplíquelas a diario!

4. Comunicación. Para poder comprender a nuestro cónyuge necesitamos practicar el tercer mandamiento para el matrimonio. ¿Lo recuerda? Mantendrás una comunicación *fluida*. Una comunicación efectiva entre el hombre y la mujer da trabajo pero da sus frutos. Es la clave para que comprendamos a nuestra pareja. Tenemos que atender a lo

que dice, a lo que expresa sin palabras y cómo responde a lo que comunicamos. Intente ir más allá de su comprensión limitada e imagine cómo funciona su cónyuge por dentro. Si evita este paso esencial, no alcanzará la etapa de «aún falta lo mejor».

5. Respeto. A todo el mundo le gusta que lo respeten y saber que sus opiniones y pensamientos se tienen en cuenta, en particular por el cónyuge. Efesios 5 sugiere que debe haber una especie de reverencia entre esposos, un respeto mucho más profundo que el que se da en otras relaciones. Respetarse mutuamente no significa que se deba estar de acuerdo en todo. Lo que sí quiere decir es que ambos honran al otro aunque no concuerden. Esta clase de respeto permite que los esposos se sometan el uno al otro.

6. Entusiasmo. La etapa de «aún falta lo mejor» puede ser más excitante y entusiasta que los primeros meses de la etapa de luna de miel. Puedo dar fe por experiencia propia que no ha habido etapa en la vida matrimonial que fuera más plena y excitante que la etapa de amor maduro en la que Jo Beth y yo estamos ahora abocados. Cuando uno llega a afirmar que «esta etapa es mucho más excitante y plena, me encanta envejecer juntos y ver que el amor que nos profesamos es cada día más fuerte» es porque ha logrado tener un amor maduro. Esa clase de amor crece y madura solo con tiempo y esfuerzo.

ENVEJECE CONMIGO

Todos deseamos un matrimonio en el que «aún falta lo mejor», en el que el amor crezca y perdure. Con eso en mente, permítame citar una estrofa que hallé con posterioridad en el poema «Rabbi Ben Ezra» de Browning. No la leímos en nuestra boda, pero la hemos hecho parte de nuestro matrimonio. Le recomiendo que también sea parte del suyo.

No digo una vez: ¡la gloria sea tuya!
Veo el diseño completo,
yo, que he visto el poder, veo ahora el amor perfecto:
Perfecto es el plan divino,
¡Agradezco ser un hombre!
Divino hacedor que rehace y completa todo,
¡confío en lo que harás!

REFLEXIONE SOBRE SU RELACIÓN

1. ¿Cuán importante es para usted «poner manos a la obra» para hacer que su matrimonio sea apasionado y reine el amor y la felicidad? Explique.

2. ¿En qué etapa del matrimonio se encuentra? ¿Qué necesita hacer para avanzar a la etapa siguiente?

3. ¿Considera que en su matrimonio reina el amor y la pasión? Explique. ¿Qué puede hacer para lograrlo?

4. ¿En qué aspectos del amor MADURO le va bien? Explique. ¿En qué aspectos necesita mejorar y cómo puede hacerlo a partir de hoy?

UN  COMENTARIO PERSONAL

Volverás a empezar una y otra vez

Si aún no ha descubierto la emoción de volver a comenzar, se está olvidando de uno de las piezas fundamentales del matrimonio. Si su pareja es rutinaria y aburrida, necesita este capítulo con desesperación. Lea entre líneas y se asombrará del cambio que se producirá en usted y en su pareja.

—E. Y.

Mandamiento 9

VOLVERÁS A EMPEZAR UNA Y OTRA VEZ

Durante el verano de 2000, la cadena de televisión CBS introdujo en los Estados Unidos un nuevo estilo de programas: los «reality shows». Estos pioneros pusieron en pantalla *Survivor* [Sobreviviente], en el que dieciséis hombres y mujeres competían entre sí y contra la naturaleza en una isla desierta en el Mar del Sur de China.

En esa y en las versiones subsiguientes los participantes fueron desafiados a eliminar al otro, jugar mejor que los demás y poder así durar más en la competencia. Todo esto mientras manejaban las relaciones a machetazos, como hacían también con el denso bambú. Tenían que construir una vivienda, hallar comida e intentar subsistir en un medio hostil cuidadosamente seleccionado, que estaba ubicado en un sitio remoto y secreto, lo que aumentaba el suspenso.

Si bien los participantes debían cooperar entre sí, todas las semanas iban al «consejo de la tribu» donde debían eliminar a uno de los participantes con su voto. Por último, el único sobreviviente ganó un millón de dólares y la participación en todos los programas de variedades.

Todas las ediciones de *Sobreviviente* en algún momento llegan a su final. Sin embargo, hay una edición de «supervivencia» que nunca termina: el *matrimonio*.

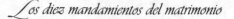

Al igual que los participantes del programa, el esposo y la esposa deben llevar adelante una relación en un medio hostil. Y si bien la mayoría de las parejas no tiene que hacer su vida en una isla desierta y salvaje de Borneo, tienen que establecer el hogar en un clima adverso que a menudo no trata del todo bien ni a la pareja ni a la familia.

TASA DE SUPERVIVENCIA

Imagine que somos un grupo de turistas que vamos a Disney World. Cada uno irá en su propio auto, pero antes de partir nos dicen que la mitad de los autos sufrirá un accidente que podría afectarnos en gran manera por el resto de nuestros días.

¿Acaso no manejaría con extrema precaución? Yo lo haría. Incluso no prestaría atención a todas las llamadas a mi teléfono celular, ni se me ocurriría buscar un casete o CD para poner en el equipo y saldría del camino ante el menor síntoma de somnolencia. Elegiría con cuidado el recorrido, en busca de la alternativa más segura. En fin, haría todo lo que estuviera a mi alcance con tal de no terminar dentro del 50% accidentado.

Tengo una buena noticia: no es una estadística real que se cumpla con los visitantes de Disney World, así que puede ir tranquilo. Tengo también una mala noticia: es una estadística que *sí* se cumple en los matrimonios. La mitad de todos los que dicen: «Sí, acepto» frente al altar, dará por terminado su matrimonio tarde o temprano. Es lamentable que la tasa entre los que se profesan cristianos sea prácticamente la misma.

No tengo dudas de que el problema número uno de la sociedad de hoy en día es el divorcio. Cuando esa relación fundamental del hogar se rompe no solamente daña a la pareja, sino también a los hijos, a los parientes políticos, a los abuelos, a los amigos y también a la iglesia. Nos veríamos en apuros si nos pidieran que mencionáramos una de las enfermedades sociales que no influya en la destrucción de la familia. ¿Hay alguna duda de que Dios aborrece el divorcio (Malaquías 2:16)?

¿Cuál es el secreto para sobrevivir? Estoy convencido de que la respuesta está en nuestro noveno mandamiento: *Volverás a empezar una y otra vez.*

Nuestro Dios es un Dios de segundas oportunidades. Cada día renueva sus misericordias para con nosotros. El profeta Jeremías había experimentado terribles sufrimientos cuando escribió: «El gran amor del Señor nunca se acaba, y su compasión jamás se agota. *Cada mañana se renuevan* sus bondades; ¡muy grande es su fidelidad!» (Jeremías 3:22-23, cursivas agregadas).

Esta es una de las cosas que más amo y aprecio de nuestro Dios. Él es un Dios que redime, que se deleita en tomar lo que está dañado, herido y abandonado a su suerte para hacerlo nuevo, darle una nueva vida y la posibilidad de crecer. En resumen, es un Dios que hace nuevas todas las cosas.

Sería bien difícil encontrar matrimonios de larga duración donde uno o ambos cónyuges no se sientan agradecidos por esta oportunidad de volver a empezar. Somos humanos al igual que nuestra pareja. Sin embargo, si estamos dispuestos a hacer lo que hay que hacer, no hay nada de lo cual nuestro matrimonio no pueda recobrarse.

MALOS CIMIENTOS

Desde la perspectiva humana, no hay demasiados matrimonios a los que podamos llamar «una unión hecha en el cielo». Sé que la mayoría de los matrimonios comienzan con algún tipo de problema, de conflicto o de engaño. Muchos se inician con serios conflictos familiares entre las partes y con dos personas inmaduras que parecen no tener demasiado en común o que comienzan con un embarazo que no esperaban.

Es probable que incluso uno llegue a pensar: *Esa pareja no tiene posibilidades. Les doy un año, a lo sumo dos.* Debo reconocer que cuando la pareja llega al altar me he preguntado si tendrán idea de lo difícil que es estar casados, aun para las parejas más amorosas y atentas.

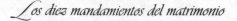

En mis más de cuarenta años como pastor he escuchado todo tipo de motivos y excusas posibles por parte de cónyuges contrariados que explican por qué su matrimonio no dio resultado. La mayoría de las razones tiene que ver con un comienzo inadecuado:

- Ella no soporta a mis amigos

- Empezamos mal porque no tuvimos el tipo de boda que yo quería.

- Él nunca se llevó bien con mis padres. Pensé que eso cambiaría, pero no... empeoró.

- Cuando estábamos de novios parecíamos tener mucho en común. Ahora a él no le gusta nada de lo que a mí me gusta

- Ella era tan dulce cuando estábamos de novios... Ahora lo único que hace es darme órdenes.

- Ya no hace ni dice algo romántico.

Durante el noviazgo, todos solemos comenzar con el pie derecho. ¡Es lógico! Tratamos de vernos bien, vestirnos bien e incluso tratamos de pensar y de conducirnos de la manera más adecuada. Hacemos todo esto con la idea de que nuestro novio o novia crea que nosotros éramos así antes que nos conociéramos, que somos así ahora y que seguiremos siendo de esa manera luego de años de matrimonio. Queremos que nuestra «mejor mitad» crea que ha conseguido un buen candidato.

¡Qué decepción!

De ninguna manera estoy sugiriendo que engañamos de forma premeditada. La mayoría llega al matrimonio con la mejor y más honorable de las intenciones. Sin embargo, cuando uno vive año tras año con la misma persona, es inevitable que el verdadero yo surja en algún momento. Y cuando eso sucede, la vista no siempre es agradable.

En un éxito de librería del siglo XIX, *The Royal Path of Life*, los autores, T. L. Haines y L. W. Yaggy proclamaron que «el noviazgo es un gran engaño». En algún momento puede aparecer la realidad cuando «la cotidianeidad revela algo nuevo y algo desagradable. El carácter del noviazgo desaparece y con él también se va el amor del noviazgo. Entonces hace su entrada la decepción, la tristeza y el arrepentimiento. Se dan cuenta de que hay incompatibilidad de caracteres»[1].

Un cimiento de engaño hará que el matrimonio tenga un comienzo tambaleante. Sin embargo, no se dé por vencido ni abandone a su pareja, a su matrimonio ni a usted mismo. Puede volver a empezar de nuevo sin que importen cuán deficientes hayan sido esos cimientos.

Más adelante, en este mismo capítulo, le sugeriré algunos pasos prácticos que le ayudarán a comenzar de nuevo en su vida matrimonial, más allá de los cimientos equivocados. Sin embargo, antes vamos a ver un matrimonio que tuvo un comienzo incierto, por no decir algo peor.

UN MATRIMONIO «SIN POSIBILIDADES»

El gran engañador

La Biblia nos da una imagen cruda de un matrimonio del que cualquiera diría que no tendría posibilidades de sobrevivir. La novia no era la que el novio había elegido y, de hecho, no estaba en sus planes ni siquiera como segunda alternativa. Como si esto fuera poco, el matrimonio comenzó con un engaño.

Este romance incierto estuvo protagonizado por un hombre llamado Jacob. Solo para que tenga una idea de quién era este Jacob, el nombre significa «el que suplanta». Era lo que llamaríamos un «estafador». Este embaucador desplumó a su hermano de la herencia al engañar a su propio padre. Se ganó una reputación de andar haciendo «chanchullos». (Véase en Génesis 27 el relato del arreglo que hizo con su hermano y su padre).

Jacob se sintió perdidamente enamorado de Raquel la primera vez que la vio. La Biblia dice que la besó la primera vez que se encontraron y que supo que esa era la «elegida». De manera que Jacob fue a ver a Labán, el padre de Raquel que también era el tío de Jacob. En Labán, Jacob había encontrado a su alma gemela, ya que era un hombre muy versado y astuto como un zorro. Labán decidió obtener un buen dinero por parte de Jacob. Es así que cuando Jacob pidió la mano de Raquel en matrimonio, el viejo zorro replicó: «Si quieres a mi hija Raquel, tendrás que trabajar para mi durante siete años».

¡Jacob no tuvo inconvenientes en hacerlo! La Biblia dice que Jacob amaba tanto a Raquel que siete años «le pareció poco tiempo» (Génesis 29:20). Trabajó duro para Labán día tras día, mes tras mes y año tras año. Cuando se sentía cansado o desanimado, seguramente alzaba los ojos y miraba a su amada futura esposa y veía sus energías renovadas. ¡El tiempo parecía volar!

Por último, llegó el día de la boda: una boda impresionante con música, baile, diversión y vino. Jacob miraba a la hermosa novia y a los padres orgullosos, a las hermanas y sobrinas que no dejaban de reírse además de los traviesos hermanos y sobrinos. Y el vino no dejaba de correr. Y aparentemente Jacob bebió de más.

Un poco mareado por el vino, Jacob y su esposa se retiraron a pasar la noche de bodas y consumar el matrimonio. A la mañana siguiente, Jacob se despertó y probablemente trató de borrar de sus ojos toda una noche de festejos y a la vez eliminar la resaca. Echó una mirada en dirección a su amada a quien ahora podía contemplar a la luz de la mañana. Jacob volvió a mirar. ¡No era Raquel sino Lea, la hermana!

¡Lo habían estafado! El engañador había sido engañado.

Jacob se levantó de un salto, se colocó la túnica y salió como un rayo de la tienda en busca de Labán.

—¿Qué me hiciste? —inquirió Jacob a su suegro que lo miraba sonriente—. He trabajado siete años por la mano de Raquel ¡y me has engañado!

—Ah... lo que sucede es que olvidé decirte algo —respondió Labán.

Jacob aguardó con impaciencia.

—No es costumbre por estos lados que la hermana menor se case antes que la mayor. Te diré lo que vamos a hacer: trabaja para mí otros siete años y te daré la mano de Raquel.

(Lea el relato completo en Génesis 29:21-28.)

Un comienzo miserable

Así fue que Jacob terminó con dos esposas. Y no terminó allí, sino que se complicó aun más. Labán le dio a sus hijas una criada a cada una, así que aparecieron en escena Bilhá y Zilpá. De esa manera Jacob se vio de pronto con dos esposas y sus dos criadas.

¿Puede imaginarse un matrimonio con un comienzo más miserable que este?

Sin embargo, la historia continuó. Aparentemente Jacob no amaba a Lea porque tenía «ojos apagados» (v. 17). Eso no quería decir que tuviera algún problema de visión sino que la chica no tenía esa chispita en sus ojos... no había química entre ellos. Al parecer Lea era una chica aburrida y sin atractivo. Hasta su nombre significa «vaca»... ¿hace falta agregar algo más?

Por otro lado, Raquel las tenía todas consigo. La Biblia la describe como «muy hermosa», y además tenía garra, brillo, carisma y había buena sintonía entre ambos.

A pesar de todo, Lea comenzó a darle hijos a Jacob: cuatro muchachos, uno tras otro. Esta situación preocupó a Raquel que como no lograba darle hijos, decidió intentar otra cosa.

Según era la costumbre de la época, hizo que su criada Zilpá concibiera de su esposo Jacob. Apenas el niño nació, se lo dieron a Raquel quien a todos los efectos sería su madre. Con el tiempo, Zilpá tuvo otro hijo para Raquel, quien ahora podía decir a Lea: «Te estoy alcanzando... ahora tengo con Jacob el mismo prestigio que tú» (paráfrasis del autor; véase Génesis 30:1-8).

Veamos lo que sucedió luego. Lea se comenzó a preocupar porque hacía un tiempo que no quedaba embarazada. Entonces, pensó que si funcionaba para Raquel, también podría funcionar con ella. Así fue que *entregó* a su criada Bilhá a Jacob. Bilhá concibió un niño y luego otro más.

Así fue que Jacob terminó viviendo con cuatro mujeres infelices y amargadas que competían entre sí. Lea se sintió un poco mejor cuando consiguió quedar nuevamente embarazada. Dio a luz a un niño, luego a otro y por último a una niña.

¡Uf! Me parece que tenemos que pedirles que se detengan... Podría apostar que nadie, ni siquiera alguien con el más cínico sentido del humor, podría vérselas con semejante panorama disfuncional. Incluso hoy en día, cuando la idea del matrimonio y de la familia ha pasado a ser confusa y mezclada, es difícil imaginarse un inicio matrimonial peor que el de Jacob. ¿Por qué razón? Porque este matrimonio comenzó sobre la base del engaño, y el engaño envenena al matrimonio desde que comienza.

Esta situación traería dolores de cabeza a cualquier hombre, pero ese no era el único problema en el hogar disfuncional de Jacob. ¡No olvidemos la lucha por el poder! Dos esposas y dos concubinas que competían por el prestigio que les daba el tener hijos, un honor de alto valor en su cultura. Se pelearon con uñas y dientes por ver quién tenía la supremacía.

SOLUCIÓN PARA LOS MALOS COMIENZOS

¿Le sorprende saber que este matrimonio que comenzó de manera tan horrible tuvo un final espectacular? Podemos darnos una idea de ello cuando vemos que la Biblia nos informa que Raquel estaba celosa de Lea (30:1).

¿Raquel celosa de Lea? ¿Acaso la mujer de la que Jacob estaba tan enamorado y quiso desposar en primer lugar, estaba celosa de aquella de la que la Biblia dice que él no amaba?

Es evidente que algo sucedió entre Jacob y Lea. Cuando Jacob decidió mudarse con toda la familia, ganado y posesiones a su tierra natal en Canaán, lo conversó con Raquel *y* con Lea (31:4). Esto es prueba suficiente para darnos cuenta de que Lea, que no era la favorita de Jacob, estaba ganándose un lugar a los ojos de su esposo.

Sin embargo, lo que muestra el desarrollo de la relación entre Jacob y Lea es el momento de la muerte. Raquel falleció durante un viaje familiar y Jacob la enterró al lado del camino, cerca de Belén. Cuando falleció Lea, Jacob la hizo enterrar en la cueva de Macpela, el sepulcro de la familia, un sitio de honor donde yacían Abraham y Sara junto con Isaac y Rebeca. Jacob también habría de ser sepultado allí. Jacob podría haber hecho traer a ese lugar los restos de Raquel, pero nunca lo hizo. En la sepultura, el lugar a su lado pertenecía a Lea.

Quizás lo más importante sea que a través de Lea, la mujer con la que engañaron a Jacob, y no de Raquel es que vendría el Mesías. Cristo vino al mundo por medio del linaje de Judá, el hijo de Jacob y Lea.

El matrimonio que había comenzado tan mal, terminó bien. La historia de Jacob, Lea y Raquel demuestra un principio importante: *Los malos comienzos en el matrimonio no son determinantes*. No importa lo mal que hayan comenzado nuestros matrimonios, podrán tener un final feliz si permitimos que Dios los sane y los renueve.

SEIS PRINCIPIOS PARA VOLVER A EMPEZAR UNA Y OTRA VEZ

Si la fórmula para la felicidad matrimonial se hallara en una píldora, sería la «Vitamina A». Los elementos de restauración, para un nuevo comienzo, todos empiezan con la letra «A» y se basan en pasajes de las Escrituras[2]. Siempre vamos a la Biblia, porque los métodos de Dios resultan tanto en el matrimonio como en todos los aspectos de la vida. De ahí que la aplicación de los principios bíblicos pueden traer nueva vida y vitalidad a cualquier matrimonio, sin importar su condición. Eso incluye al suyo y al mío.

A continuación se enumeran los seis elementos o principios para volver a empezar en el matrimonio:

1. Aceptación

Por tanto, acéptense mutuamente, así como Cristo los aceptó a ustedes para gloria de Dios (Romanos 15:7).

Sin la aceptación, la fe cristiana tal y como la conocemos no existiría. De igual manera, sin la aceptación, no habría matrimonio capaz de sobrevivir a las diferencias que con seguridad han de aparecer cuando dos personas conviven. Necesitamos aceptarnos el uno al otro de la misma manera en que Dios nos acepta: incondicionalmente.

Muchas personas creen que la mayoría de los esposos tienen temperamentos o estilos opuestos. Todos conocemos el dicho: «los polos opuestos se atraen». En muchos casos, en la época de noviazgo, queríamos tener a alguien que nos «equilibrara». La personalidad extrovertida de él la ayudaba a vencer la timidez. La tendencia planificadora de ella hallaba la contrapartida en la espontaneidad amante de la diversión de él. Vemos en nuestro «opuesto» esas cualidades que quisiéramos tener, por eso nos sentimos a gusto con esa persona.

Sin embargo, cuando nos casamos y luego de cierto tiempo viviendo bajo el mismo techo, algunas de esas pequeñas diferencias dejan de ser pequeñas. Lo que una vez pareció tan atractivo, ahora es un punto de discusión y las cosas que en cierta ocasión parecieron simpáticas ahora son toques de trompeta para comenzar la batalla.

Si ha de comenzar una y otra vez en su matrimonio, debe existir la mutua aceptación de manera completa e incondicional. Tiene que mirar en oración los errores y la idiosincrasia de su pareja y darse cuenta de que así como Cristo encontró a esa persona aceptable, también debe serlo para usted.

Dios nos hizo únicos y completamente diferentes unos de otros, pero todos hemos sido hechos a la imagen de Dios. Cuando miramos a los demás, en especial a aquella persona con la que hemos hecho un pacto de por vida, ¿cómo podríamos hacer menos que aceptarla y amarla tal como prometimos hacerlo cuando estuvimos ante el altar y dijimos: «Sí, acepto»?

2. Atención

Ahora que se han purificado obedeciendo a la verdad y tienen un amor sincero por sus hermanos, ámense de todo corazón los unos a los otros (1 Pedro 1:22).

A primera vista, este versículo pareciera no tener sentido. Por supuesto que sabemos que debemos amarnos el uno al otro si queremos restaurar nuestro matrimonio y volver a empezar. Eso no hace falta que lo digan, sin embargo Dios lo dice. ¿Por qué? Porque necesitamos escucharlo una y otra vez.

Sabemos que tenemos que amarnos el uno al otro. La pregunta es, ¿cómo hacerlo? ¿Qué necesitamos *hacer* para poner las palabras *«Te amo»* en acción?

No es tan complicado como algunos lo quieren hacer parecer. En realidad, lo voy a simplificar diciendo que la otra manera de deletrear «amor» es A-T-E-N-C-I-Ó-N. No hay nada que demuestre tanto el «amor» como la *atención*.

Cuando era pequeño y llegaba alguien de visita me convertía de inmediato en todo un acróbata. Me ponía a dar vueltas, a pararme de manos o me colgaba de los pies en un trapecio que tenía en el patio. Encima, ¡hasta era capaz de cantar! Ambicionaba captar la atención de los invitados. Yo creo que muchos esposos y esposas darían vueltas, bailarían e incluso cantarían si pensaran que de esa manera podrían atraer la atención de su cónyuge.

Un joven vino a verme con el rostro bañado en lágrimas por una relación que se había terminado. Él creía haber encontrado a la chica de sus sueños. Parecían congeniar perfectamente. Uno jamás escuchaba el nombre de él sin que también se la nombrara a ella y viceversa. Todo el mundo sabía que eran una misma cosa.

Sin embargo, ella dio la relación por terminada. Para decirlo con las palabras del joven, ella «se deshizo» de él.

Le pregunté qué había sucedido, y él me respondió que no le había prestado atención. Había estado ocupado con muchas cosas y había dejado de darle atención a ella.

Los hombres necesitamos que nos «enseñen» un poco acerca de esto. De alguna manera, esto de prestar atención parece un poco más natural en las mujeres. Por lo menos así sucede en mi familia: Jo Beth es experta en demostrar atención. Así que, esposos, permítanme darles algunas sugerencias sencillas para que les prestemos atención a nuestras esposas. Y a las esposas quiero advertirles que esto no las deja fuera de la responsabilidad. Las animo a que también pongan en práctica estas sugerencias.

- Alábela por su apariencia

- Cómprele un objeto que le demuestre su amor (flores, tarjetas, etc.).

- Separe un tiempo para agradecerle algo bien hecho, aun algo cotidiano.

- Llámela en medio del día, solo para conversar con ella.

- Exprese palabras de aliento y de alabanza hacia ella delante de los demás.

Son innumerables las maneras en que puede darle a su cónyuge la atención que se merece. Sea creativo, sea espontáneo, ¡pero *préstele atención* a su pareja! Se asombrará por la manera en que ese tipo de atención le ayudará a «comenzar una y otra vez» con su matrimonio.

3. Adaptación

Sométanse unos a otros, por reverencia a Cristo (Efesios 5:21).

Este versículo nos habla de la mutua sumisión. Si deseamos tener matrimonios felices, tenemos que aprender a someternos unos a otros. Lo hacemos aprendiendo a *adaptarnos* a las necesidades, deseos, metas, sueños e idiosincrasia del otro.

Son demasiadas las personas que se casan pensando que van a cambiar a su cónyuge. Se fijan en determinado defecto en su pareja, algo que puede ser un hábito, una tendencia, una rareza en su estilo de vida o incluso un pasatiempo inofensivo. Entonces lo amenazan, coaccionan, lo engatusan o echan mano de cualquier forma de presión posible para que el cónyuge cambie ese rasgo o conducta. Por lo general, los resultados son dolorosos y desastrosos. En vez de conducir a una adaptación, llevan a que las cosas *se agraven*.

Por favor, lea lo siguiente con atención: Usted *no puede* cambiar a su esposo o esposa. Yo no puedo cambiar a Jo Beth ni ella me puede cambiar a mí. Sin embargo, ambos hemos aprendido a ceder en ciertos casos, para poder «adaptarnos» el uno al otro.

Resulta lamentable que muchas personas vayan por la vida sin poder o sin querer adaptarse a los demás. Toman una postura inflexible, egoísta en extremo, que los lleva a una ruptura en sus relaciones. Son muchos los matrimonios condenados al fracaso desde un comienzo porque una o las dos partes se niegan a someterse al otro, a hacer adaptaciones en el uso del tiempo, y en los deseos y necesidades personales.

No obstante, la gente puede cambiar. Sí, ya sé que le dije que usted no puede cambiar a su cónyuge, pero eso no significa que usted y su pareja no puedan cambiar. Dios se ocupa de los cambios, Él hace nuevas todas las cosas[3], y eso incluye también a nuestro matrimonio.

Así que, si en verdad desea «volver a empezar» en su matrimonio, pídale al Señor que comience a cambiarlo por dentro. Pídale que lo perdone por su egoísmo e insensibilidad y luego pídale que le muestre lo que necesita hacer para lograr adaptarse a su cónyuge.

Los diez mandamientos del matrimonio

¿Sabe lo que va a pasar? Él lo ayudará a que encuentre maneras de adaptar su propio corazón y su mente a las necesidades, deseos y objetivos de su pareja. Su esposo o esposa notará este «cambio de actitud» y también cambiará.

Dios no quiere que nos preocupemos ni que nos ocupemos en cambiar a los demás. En su manera de obrar divina, cuando produce un cambio en nosotros, parece ocuparse del cambio de la otra persona.

4. Amnistía

> Sean bondadosos y compasivos unos con otros, y perdónense mutuamente, así como Dios los perdonó a ustedes en Cristo (Efesios 4:32).

El perdón es la clave del cristianismo y también lo es de cualquier matrimonio saludable. No había pasado mucho tiempo desde que había dicho: «Sí, acepto», cuando me di cuenta de que el perdón era un ingrediente esencial para un matrimonio feliz. Por esa razón, cito este pasaje a todas las parejas que están frente a mí, ante el altar. Este versículo, más que cualquier otro, es el secreto que permitirá a los esposos vencer cualquier dificultad. Si todas las parejas pusieran estas palabras en práctica, la tasa de divorcios bajaría drásticamente.

Escogí a propósito la palabra *amnistía* en vez de *perdón*. La palabra *amnistía* proviene del griego y significa «olvido, mala memoria». Mientras el perdón implica la cancelación de la deuda y la culpa por el error cometido, la amnistía lleva este proceso un paso más adelante al declarar al deudor o al malhechor inocente de todos los cargos. ¡Es como si el hecho jamás hubiera ocurrido! La amnistía nos habla de un esfuerzo deliberado por pasar por alto las ofensas.

A través de los años me he encontrado con muchas parejas que se guardaban mutuo rencor, a menudo por cosas que pasaron hacía años y hasta décadas. Si bien el matrimonio no es fácil, podemos hacer que el recorrido sea más placentero si perdonamos los errores de nuestro cónyuge una y otra vez de la misma manera en que Dios nos ha perdonado en Cristo Jesús.

5. Agradecimiento

Por eso anímense y edifíquense unos a otros, tal como lo vienen haciendo (1 Tesalonicenses 5:11).

En este pasaje Pablo nos da los dos elementos que componen el *agradecimiento*: animar y edificar. La palabra que se usa en el Nuevo Testamento para «animar» es una combinación de otras dos palabras. La primera de ellas significa «caminar al lado» de alguien de manera que se sienta apoyado, estimulado y reconfortado en el camino de la vida. La otra palabra se refiere al «llamado» que alguien recibe. En cuanto al matrimonio, Dios nos llamó a Jo Beth y a mí para que camináramos juntos por la vida, lado a lado, animándonos y reconfortándonos al avanzar cualquiera sea la senda que nos toque seguir. Uno no puede animar a alguien de esta manera, sin manifestarle reconocimiento o agradecimiento.

Podemos ver el otro componente del agradecimiento en la palabra que se traduce por «edificar». El término griego original significa «construir una casa». Pablo escribe que somos «templos de Dios» (1 Corintios 3:16). De ahí que cada cónyuge procurará edificar en el otro un templo resplandeciente y no hacer solo unos cuantos arreglos. Deseo que Jo Beth sea el mejor de los palacios y ella desea lo mismo para mí. Cada vez que le demuestro mi reconocimiento es como si estuviera agregando un valioso ladrillo sobre otro, haciendo que ella crezca cada vez más alto.

Cuando animamos y edificamos a nuestro cónyuge, sucede otra cosa. Piense en lo que sucede cuando compramos una propiedad y le hacemos mejoras: aumenta su valor.

Lo mismo sucede cuando animamos y edificamos a nuestro cónyuge. Ellos se sentirán reconocidos y nuestras expresiones los ayudarán a ser cada vez mejores.

Estas dosis de agradecimiento y reconocimiento deben ser diarias. Hebreos 3:13 nos recomienda: «Anímense unos a otros cada día». Es algo que debemos hacer *cada vez* que vemos algo digno de alabanza en nuestro cónyuge.

6. Afecto

El hombre debe cumplir su deber conyugal con su esposa,
e igualmente la mujer con su esposo (1 Corintios 7:3).

Cuando piensa en la palabra afecto, ¿qué imagen acude a su mente? ¿Una suave caricia, un fuerte abrazo, un brazo apoyado con suavidad sobre los hombros? Podemos demostrar afecto de muchas maneras desde tomarnos de las manos hasta el acto de intimidad sexual entre esposos.

Hace unos años escribí un libro que titulé: *Romancing the Home: How to Have a Marriage That Sizzles.* (Aventura conyugal: Cómo tener un matrimonio chispeante.) Una parte del libro hace referencia a la investigación del Dr. Willard Harley en cuanto a las cinco mayores necesidades de los cónyuges. Dicha encuesta reveló que mientras la satisfacción sexual era la primera necesidad de los maridos, el afecto ocupaba el primer lugar en la lista de lo que las esposas necesitan de sus esposos. En esa época prediqué un mensaje acerca de la necesidad número uno en la vida de las esposas. Hasta el día de hoy, aquel mensaje (titulado: ¿Por qué abrazar?) sigue siendo el casete más solicitado en la historia de nuestro ministerio.

La necesidad de afecto por parte de las esposas es algo tan fuerte que la falta de él puede llevar a una aventura amorosa extramatrimonial. La mayoría de los consejeros matrimoniales coinciden en que las mujeres son infieles por motivos completamente diferentes a los hombres. Mientras las necesidades sexuales insatisfechas de un esposo lo pueden llevar a buscar en otro lado, una esposa puede ser literalmente arrojada en brazos de una aventura amorosa si le falta afecto.

El afecto es lo que crea el «ambiente» para la relación. Por eso es crucial que los cónyuges cubran las necesidades mutuas de afecto. Una buena manera de comenzar es con un simple pero afectuoso abrazo. Después de todo, un abrazo puede lograr maravillas.

El abrazo es la cura perfecta para todas las dolencias. No tiene partes movibles y no requiere baterías, no requiere de controles periódicos, consume poca energía pero produce alto voltaje. Es a prueba de inflación y libre de impuestos, no contamina el ambiente y es completamente reembolsable. Abrazarse es saludable: afloja las tensiones, combate la depresión, reduce el estrés y mejora la circulación sanguínea. Además, da vigor, rejuvenece, eleva la autoestima, produce buenos deseos y carece de desagradables efectos colaterales. Es nada más ni nada menos que el remedio milagroso[4].

El afecto no está reservado para las mujeres sino que es una necesidad fundamental de todo ser humano. Si no lo cree, fíjese en una madre con sus hijos pequeños: se acarician, se abrazan, se besan, se demuestran con todo tipo de manifestación afectuosa que son especiales. Esta actitud hace que se refuerce la autoestima del niño. Una madre sabe de manera instintiva que su hijo necesita esa atención cariñosa.

Los padres estamos aprendiendo a tomar esto en cuenta. Siempre he intentado demostrar afecto a mis hijos con un abrazo, una palmada en el hombro o un beso. Sigo demostrándoles ese mismo afecto aun cuando ya los tres son adultos y tienen sus propios hijos. Me encanta verlos con sus hijos y creo que hacen un excelente trabajo en la demostración de afecto a sus esposas e hijos.

En el matrimonio, la intimidad sexual es una expresión vital de afecto. Primera Corintios 7:3 es un versículo clave que dice: «El hombre debe cumplir su deber conyugal con su esposa, e igualmente la mujer con su esposo». Dios ha dado a la pareja este hermoso y sagrado regalo como la forma primaria de demostrarse afecto.

Es algo de tanta importancia que Pablo nos dice que «la mujer ya no tiene derecho sobre su propio cuerpo, sino su esposo. Tampoco el hombre tiene derecho sobre su propio cuerpo, sino su esposa» (1 Corintios 7:4). El acto sexual no es algo que la pareja hace meramente por placer sino que es una obligación mutua que llevan a cabo por el beneficio de ambos. Cuando se practica de la manera en que la Biblia indica, la intimidad sexual mantiene el problema de la tentación sexual alejado del matrimonio.

Pablo animó a los corintios de la siguiente manera: «No se nieguen el uno al otro, a no ser de común acuerdo, y solo por un tiempo, para dedicarse a la oración. No tarden en volver a unirse nuevamente; de lo contrario, pueden caer en tentación de Satanás, por falta de dominio propio» (v. 5). Visto de esta manera, la relación sexual en la pareja es una responsabilidad *espiritual*. Si se practica de acuerdo al plan divino, la intimidad sexual en el matrimonio contribuye a la totalidad y al bienestar de cada miembro de la pareja y fortalece la relación afectiva.

SEMBLANZA DE UN MATRIMONIO RENOVADO

Diversos estados matrimoniales

Durante mis años como pastor, he visto toda clase de matrimonios. La mayoría de ellos podían clasificarse «geográficamente». Por ejemplo, estaban los que yo llamo: «matrimonios del norte de Alaska». Allí uno se encuentra con la tundra helada: no hay emoción, es cruda, aburrida y sin vida. En este tipo de matrimonios, los esposos van por la vida como los muertos vivos de una película de terror. Creen estar vivos pero el gélido aire elimina todo lo que tenga vida y lo sofoca con el frío penetrante.

Están también los «matrimonios de Colorado». Son ese tipo de relaciones que pasan por estaciones de calor y de frío. Arremete el invierno en cuanto aparecen las crisis y los conflictos. Es un tiempo de oscuridad, pesado y lleno de nieve helada y fuertes vientos. Sin embargo, llega el verano que es luminoso, espectacular con un aire límpido y paisajes fabulosos. El problema que presenta esta clase de matrimonio es que la mezcla de frío y de calor crean una especie de matrimonio «tibio» o mediocre. ¿Y a quién le gusta la mediocridad? A nadie... Nadie quiere ser el mejor de lo peor o el peor de lo mejor.

Por último, está el «matrimonio de Hawai». ¡Ah! Este matrimonio es cálido, romántico, bello, exuberante y en crecimiento. La hamaca se bambolea con la suave brisa bajo las palmeras mientras las olas rompen en la orilla y el arco iris brilla en el cielo. La vida es bella.

El desafío

¿En qué estado encaja su matrimonio? Si disfrutan del cálido y dulce «matrimonio de Hawai» quiere decir que están haciendo una gran tarea al aplicar los principios bíblicos divinos en su relación. Si se parece más a la relación «Colorado» con sus altibajos, tal vez tengan que aplicar a pie juntillas los principios de «volver a empezar». Si su matrimonio es frío, árido y sin vida como la tundra del norte de Alaska, entonces es momento de poner manos a la obra en esto de «volver a empezar».

La verdad es que nuestra experiencia matrimonial pasa por todos estos estados. De ahí que sea tan importante que sigamos el plan divino de edificar un matrimonio que sobreviva en todos los tipos de clima ¡y que pueda ir más seguido a estar en Hawai! Si aplica los seis principios de Dios para volver a empezar, estará en el camino correcto para conducir a su matrimonio de la tundra helada de Alaska a las cálidas y tropicales playas de Hawai.

REFLEXIONE SOBRE SUS RELACIONES

1. ¿Cuáles serían las tres cosas que haría diferente en su matrimonio si volviera a empezar?

2. ¿Cuál de los seis pasos de «volver a empezar» es el que su matrimonio necesita más? ¿Por qué?

3. ¿Cómo calificaría a su matrimonio: cálido y amoroso, frío y caliente, o árido y seco? ¿En qué sentidos?

4. ¿Le ha dado a su cónyuge un abrazo en el día de hoy?

UN COMENTARIO PERSONAL

Constituirás un equipo ganador

En nuestra sociedad los matrimonios pierden porque no han puesto todo en su lugar para lograr un estilo de vida sólido que sea ganador. Este capítulo le muestra cómo ser parte de un equipo que siempre triunfa. Solo tiene que poner en práctica los principios, ¡y jamás perderá un solo juego!

—E. Y.

Mandamiento 10

CONSTITUIRÁS UN EQUIPO GANADOR

Un pastor que saludaba a los miembros de la congregación a medida que salían de la reunión de adoración se dirigió a una pareja que se acercaba. Los había casado hacía unos años, por eso le sorprendió que lo saludaran con un «hola» a secas, mientras se alejaban rápidamente. Dieron unos cuantos pasos, intercambiaron unas frases en voz baja y regresaron para decirle al pastor:

—Pastor, queríamos que supiera que nos vamos a divorciar, pero no queremos que nadie lo sepa porque es asunto nuestro.

El pastor los observó por unos momentos y respondió:

—Eso no es así. El matrimonio de ustedes nos concierne *a todos*.

NUESTROS MATRIMONIOS IMPORTAN A LA NACIÓN

Vivimos en la era de los «derechos personales» y de la «privacidad», pero a menudo nos olvidamos que somos parte de una larga cadena que va mucho más allá de nosotros mismos y de nuestros privilegios. Somos miembros de una sociedad y, nos guste o no, su matrimonio y el mío son de interés nacional.

En Galveston, Texas, no muy lejos de Houston, mi lugar de residencia, hay varios muelles de madera que se adentran en el

Golfo de México. En algunos se dedican a la industria pesquera mientras que en otros hay negocios y restaurantes. Estos muelles se apoyan sobre pilotes que están hundidos en el fondo del mar. Si uno golpea uno de los pilotes, toda la estructura siente el cimbronazo. Si uno saca o debilita varios de ellos, toda la construcción se vendrá abajo y caerá al agua.

La duda es: ¿cuántos pilotes podrá uno quitar sin que el muelle se derrumbe?

La sociedad es como esos muelles que se sostienen por encima de las olas rugientes que golpean, presionan y amenazan con tirar abajo naciones y culturas enteras. Sin embargo, Dios diseñó el matrimonio para que fuera como esos pilares que están profundamente afirmados en la verdad de Dios y que a su vez proveen de sustento a todo lo demás. Por su parte, esos matrimonios son pilares de las familias ya que las personas aprenden a ser ciudadanos estables y productivos cuando provienen de hogares sólidos. Es en el hogar que uno aprende la autodisciplina, el respeto y la responsabilidad. Según declaraciones del profesor de economía política internacional de la Universidad John Hopkins, Francis Fukuyama:

> La «sociedad civil», una aglomeración compleja de instituciones intermediarias que incluyen negocios, asociaciones voluntarias, instituciones educativas, clubes, uniones, medios informativos, beneficencia e iglesias, hallan en la familia el instrumento primario por el que las personas se socializan en la cultura y se les brinda capacidades que les permiten vivir en una sociedad más amplia y a través de la cual se transmiten los valores y los conocimientos de esa sociedad a través de las generaciones[1].

Si los matrimonios se debilitan, las familias se debilitan y como resultado, toda la sociedad sufre. Aquel pastor le dijo con mucho acierto a esa pareja que el divorcio de ellos les concernía a todos. ¿Cuántos matrimonios podrán derribarse del «muelle» de nuestro país sin que la nación se venga abajo?

NUESTROS MATRIMONIOS IMPORTAN A NUESTROS HIJOS

No hay dudas de que importan a nuestros *hijos*. Los niños son como sismógrafos. El más leve de los temblores en la relación entre los padres se registra en su psiquis.

La relación entre los padres moviliza la totalidad de su destino dado que la manera en que los amamos, los educamos y los hacemos sentir seguros afectará su futuro matrimonio y familia. Las investigaciones de George Gallup, por ejemplo, demuestran que las hijas criadas con un solo padre tienen 164% más de posibilidades de tener un hijo fuera del matrimonio, una tasa 111% más alta de ser madres adolescentes y tienen 92% más de posibilidades de divorciarse que las niñas criadas por ambos padres casados[2]. Según se destacó en el capítulo 6 (página 126) los niños criados en hogares sin padre son más propensos a adoptar una conducta criminal cuando se convierten en adolescentes o adultos.

No existe la menor duda de que nuestro matrimonio es un asunto de importancia en la vida de nuestros hijos.

NUESTROS MATRIMONIOS IMPORTAN A DIOS

Nuestros matrimonios también son asunto de *Dios*. Según vimos en capítulos anteriores, como Dios ama, se comunica con aquellos a quienes ama; es decir, con nosotros.

Los buenos comunicadores usan un esquema de referencia en común para conectarse con su audiencia. Una persona que busca darle un mensaje a otra tendrá en cuenta en qué punto sus vidas y experiencias se asemejan y parten desde ese punto en común. Esa es la razón por la que Dios muchas veces se comunica con nosotros en términos cotidianos. Por ejemplo, La Biblia dice: «Tan compasivo es el Señor con los que le temen como lo es un padre con sus hijos» (Salmo 103:13). De nuevo, Dios dice por medio de Isaías: «Como madre que consuela a su hijo, así yo los consolaré a ustedes» (Isaías 66:13).

¿Cómo podrá una persona comprender el significado de la amorosa compasión paterna si no ha tenido un padre que bendijera su vida, ya sea por causa del divorcio, de la separación o de la muerte? ¿Qué significado podrá tener el consuelo materno para un hombre o una mujer que se ha visto privado de su madre en los años de desarrollo? Dios, como padre amoroso, cuida de sus hijos y eso incluye el contar con la cobertura de un pacto matrimonial ratificado ante Él y ante testigos.

Es también asunto de Dios porque Él usa nuestro matrimonio para enseñar a los demás acerca de su relación con Cristo. Los esposos, según escribió Pablo, deben amar a sus esposas de la misma manera en que Cristo amó a la iglesia, al punto de sacrificarse por ella, de ser necesario (Efesios 5:25). Cuando un esposo no ama a su esposa de la manera en que se describe en este pasaje, tanto el versículo como el principio pierde impacto e incluso significado. *Cuando un matrimonio se disuelve, la mejor escuela de teología que Dios diseñó deja de funcionar.*

Decir: «Nuestro matrimonio es cosa nuestra», es pura arrogancia. En realidad, es asunto de Dios, de los hijos involucrados y de toda la nación.

UNA RELACIÓN DINÁMICA

Debido a que el matrimonio es algo que incumbe a todos, es esencial que cada esposo y esposa desarrolle una relación dinámica.

Al considerar estos mandamientos para edificar matrimonios saludables, hemos recibido cierto discernimiento práctico. Este último mandamiento, el décimo, sostiene a los otros nueve porque si nuestro matrimonio ha de crecer fuerte con el paso de los años, ambos cónyuges deben trabajar juntos y eso implica un trabajo en equipo. Por consiguiente, *constituirás un equipo ganador.*

Existe un equipo cuando dos o más personas trabajan juntas por una misma meta u objetivo. Los miembros del equipo puede que no compartan las mismas ideas acerca de cómo alcanzar ese objetivo en común, pero mantienen el objetivo final en mente.

El plan de Dios para el matrimonio incluye el trabajo en equipo desde un comienzo. Así que veamos en qué consiste esto de constituir un equipo ganador.

UN EQUIPO GANADOR EN EL HUERTO

En los albores de la creación, Dios dijo en cuanto a sus planes para con Adán: «No es bueno que el hombre esté solo. Voy a hacerle una *ayuda* adecuada» (Génesis 2:18; énfasis añadido).

Adán había observado todo ese maravilloso paraíso creado por Dios y detectó algo que lo dejó intrigado: Todas las criaturas tenían su pareja. Los mamíferos, las aves, los reptiles y los peces tenían su pareja que se les parecía salvo ciertas diferencias cruciales. Adán notó que él no tenía pareja, entonces Dios se hizo cargo del tema para asegurarse de que el hombre recibiera la perfecta compañera de equipo. Creó a la mujer de la costilla del hombre y Adán se regocijó de inmediato en su nueva compañera: «Esta sí es hueso de mis huesos y carne de carne. Se llamará "mujer" porque del hombre fue sacada» (vv. 23-24). Dios tenía la intención de que esta nueva pareja formara un equipo tan unido que Él los llamó «una carne».

Más adelante, el rey Salomón defendió el valor crucial del trabajo en equipo cuando escribió: «Más valen dos que uno, porque obtienen más fruto de su esfuerzo. Si caen, el uno levanta al otro. ¡Ay del que cae y no tiene quien lo levante! Si dos se acuestan juntos, entrarán en calor; uno solo ¿cómo va a calentarse?» (Eclesiastés 4:9-11).

Este pasaje de Eclesiastés parece una promoción de la institución matrimonial. Dios tuvo la clara intención de que el matrimonio fuera un esfuerzo conjunto, realizado en equipo. Existe una pareja bíblica en particular que se ajusta a la definición.

UN EQUIPO DEL NUEVO TESTAMENTO

El matrimonio de Priscila y Aquila, dos siervos fieles de Cristo, muestra el impacto generalizado de un equipo dinámico de esposo y esposa. El que no se mencione a uno sin el otro habla de la vitalidad de su matrimonio.

Es poco lo que sabemos de ellos. Vivieron en Roma pero tuvieron que abandonar la ciudad cuando el emperador Claudio expulsó a los judíos. Se hicieron fabricantes de tiendas como Pablo y esa fue la razón por la que Pablo se encontró con ellos en Corinto. Como en la ciudad había pocos lugares de alojamiento para viajeros, Pablo se quedó en casa de Priscila y Aquila (Hechos 18:1-3). Mientras Pablo permanecía en una comunidad, confeccionaba tiendas de lunes a viernes y los sábados enseñaba en la sinagoga. Priscila y Aquila, como judíos devotos que eran, asistían a esas reuniones. Cuando Silas y Timoteo llegaron a Corinto luego de predicar en Macedonia, Pablo pudo dedicar todo su tiempo a predicar.

En la epístola de Pablo a los Romanos nos enteramos que Priscila y Aquila arriesgaron su vida por salvar a Pablo (16:3-4). La iglesia local se reunía en la casa de este equipo conformado por estos esposos (v. 5). Pablo hablaba con evidente afecto por esta pareja, incluso insistía en que las iglesias gentiles les debían dar las gracias. Pablo incluso envió saludos de Priscila y Aquila a los cristianos de Corinto y le pidió al joven pastor Timoteo que los saludara en Éfeso (1 Corintios 16:19; 2 Timoteo 4:19).

Aquila y Priscila, dos simples obreros ganados para Cristo por el apóstol Pablo, nos dan una imagen fabulosa de lo que es un matrimonio que trabaja en equipo. El esfuerzo mancomunado los califica como héroes olvidados de la fe cristiana. Viajaron con Pablo, plantaron una iglesia, tuvieron reuniones de adoración en su casa e incluso hasta salvaron la vida del hombre que sería una de las figuras más destacadas de la historia del cristianismo.

Priscila y Aquila pasaron a ser importantes no solo para algunas personas sino para toda la comunidad. Donde sea que vivían, su casa pasaba a ser una iglesia. Todos sabían que en su hogar hallarían luz, esperanza y amor.

¿Qué hubiera sucedido si no hubieran existido Priscila y Aquila? ¿Qué habría pasado si este equipo se hubiera disuelto? El matrimonio de ellos y el enorme impacto que causaron fue en realidad algo que afectó a todos, era un asunto de importancia generalizada. Esta pareja ayudó a salvar la vida de Pablo y este llevó el evangelio al mundo gentil. Con el correr de los siglos, las Buenas Nuevas se diseminaron por toda Europa hasta llegar a las costas de América. Así que, el matrimonio de Priscila y Aquila es algo que incluso nos afecta a *nosotros*, ¡aun hoy!

Estos dos cristianos del siglo I crearon un equipo ganador y estoy convencido de que Dios desea que constituyamos equipos igualmente poderosos hoy en día. Por eso, veamos qué es lo que hace falta para construir un matrimonio al estilo del de Priscila y Aquila.

COMPONENTES DE LOS EQUIPOS GANADORES

Decisión de construir

Proverbios 24:3-4 nos aconseja: «Con sabiduría se construye la casa [o el matrimonio]; con inteligencia se echan los cimientos. Con buen juicio se llenan sus cuartos de bellos y extraordinarios tesoros». La palabra *construye* es un verbo conjugado donde el contexto puede ser el hogar, un edificio o el matrimonio.

Tenemos que *tomar la decisión* de construir un equipo ganador. Si nos comprometemos a hacerlo, Dios nos dará la sabiduría, el entendimiento y el conocimiento necesario para tener éxito.

Cómo constituir un equipo ganador

¿Se ha preguntado alguna vez qué hace falta para ser un ganador? Consideremos, por ejemplo, qué hace falta para conseguir que un equipo de fútbol de una universidad salga campeón.

Existen varios elementos que ayudan al desarrollo de un campeón en la cancha.

1. *Un artífice competente.* Todo equipo universitario campeón cuenta con un «artífice» del programa. Es un conjunto de líderes clave: el rector de la universidad, el presidente, un consejo de administración y un director deportivo. Este grupo traza los lineamientos de las actividades deportivas del centro educativo y provee de los fondos. Si este grupo de personas está completamente resuelto a ser campeones, el equipo va por buen camino para un buen desempeño.

2. *Un entrenador conocedor.* Esta persona tendrá que poder tratar con la administración de la universidad, reclutar jugadores, armar y liderar un equipo, saber manejarse dentro de un presupuesto y motivar a los jóvenes jugadores talentosos. Knute Rockne, legendario entrenador de la Universidad de *Notre Dame*, era todo un personaje. Cuando murió al estrellarse su avión, un diario comentó: «Cualquiera que puede encender la virilidad de otros como él lo hizo es en todo sentido una persona admirable».

3. *Jugadores talentosos.* Todo equipo ganador cuenta con la riqueza de atletas dotados de diversos talentos reunidos en un mismo grupo. El grupo de entrenadores no puede armar un equipo solo con defensores o donde todos sean atacantes. Es crucial que haga una mezcla adecuada de habilidades y posiciones. Sin embargo, todos los jugadores deben tener algo en común: deben ajustarse en el plan del grupo de entrenadores. Necesitan confiar en lo que el entrenador y sus ayudantes le han enseñado.

4. *Los intangibles.* Los equipos de fútbol universitarios ganadores dominan lo que podemos llamar «los intangibles». Estos equipos crean una atmósfera de disciplina y de

unidad, dos factores vitales para ganar. Vince Lombardi, que fuera uno de los mejores entrenadores de fútbol profesional, dijo: «Hay algo bueno en el hombre que hace que procure la disciplina». El legendario entrenador de la Universidad de Alabama, Bear Bryant, declaró en cierta oportunidad en cuanto a su éxito: «Soy un simple ayudante de granjero de Arkansas, pero he aprendido con el correr de los años a saber cómo mantener unido a un equipo. Aprendí a levantar a unos, a calmar a otros hasta que entre todos fueran un solo corazón: un equipo». La unión, *varios corazones que trabajan como si fueran uno solo*, es lo esencial en un equipo ganador.

5. *El apoyo de los fanáticos*. En el 2002, los «*Tejanos*» de Houston ganaron el abierto contra los «*Cowboys*» de Dallas y pasaron a ser el primer equipo en 41 años que ganó en su debut como equipo en expansión. Bob McNair, dueño de los «*Tejanos*», construyó el estadio *Reliant* que se abría o cerraba según los cambios climáticos, pero el ruido que bajaba de las tribunas era un beneficio adicional del estadio cerrado. Los fanáticos alentaban a su nuevo equipo de forma apabullante. Los «*Tejanos*», contra todo pronóstico, resultaron favorecidos por el resultado, por lo que puedo afirmar que jugar de locales los benefició.

Todos estos ingredientes forman parte de lo necesario para lograr un equipo de fútbol ganador. Cuando se dan todos, es solo una cuestión de tiempo para que posiblemente surja un ganador. Creo que principios parecidos a estos pueden aplicarse para lograr un equipo ganador en el matrimonio.

COMPONENTES DE UN EQUIPO MATRIMONIAL TRIUNFADOR

Así como el equipo de fútbol necesita un artífice, un entrenador, jugadores, los intangibles y el apoyo de los fanáticos para poder ganar, también un matrimonio triunfador necesita contar con todos los elementos en su lugar.

1. El Artífice eterno

Para conseguir un equipo de fútbol universitario ganador se necesita una entrega total por el éxito, empezando por arriba. Lo mismo sucede con el logro de un matrimonio ganador. Contamos con un Artífice divino que desea que nos vaya bien en nuestro matrimonio, incluso lo desea más que nosotros mismos.

El profeta Malaquías vivió en una época en la que la gente se volcó al divorcio como si fuera la «solución» para los problemas matrimoniales. ¿Le suena conocido? Él sabía que esto disgustaba enormemente al Señor, porque Dios quería que los esposos funcionaran como una unidad. «¿Acaso no hizo el Señor un solo ser, que es cuerpo y espíritu?», pregunta el profeta. «Así que cuídense ustedes en su propio espíritu, y no traicionen a la esposa de su juventud. "Yo aborrezco el divorcio" dice el Señor, Dios de Israel ... Así que cuídense en su espíritu, y no sean traicioneros» (Malaquías 2:15-16).

Nuestro Padre celestial diseñó el matrimonio para que fuera una unión perfecta. Si bien la llegada del pecado causó daños en esa unión, aún podemos conformar un equipo ganador *si* seguimos las instrucciones del Artífice divino. Él nos ama y desea que las parejas casadas reflejen ese amor divino tanto entre sí como entre quienes los rodean. Por su divina gracia nos colma de la sabiduría, el entendimiento y el conocimiento necesario para lograr un equipo matrimonial ganador. Y por encima de todo, nos envió el regalo de amor en nuestro «entrenador en jefe»: Jesucristo.

2. El entrenador adecuado

Cuando la administración de una universidad desea contar con un equipo de fútbol ganador busca un entrenador que no solo pueda *decirles* a los jugadores lo que tienen que hacer para ganar, sino que también pueda *demostrárselos* por medio de sus acciones. No ha de sorprendernos entonces que el entrenador para un equipo matrimonial ganador sea Jesucristo. Si ambos esposos se han entregado a Cristo, entonces Él habita en ellos y tiene el «libro de jugadas».

El versículo que vimos antes en Proverbios 24 describe lo que Jesús aporta al equipo matrimonial: «Con sabiduría se construye la casa; con inteligencia se echan los cimientos» (v. 3). Analicemos la sabiduría y la inteligencia que este entrenador divino brinda al equipo matrimonial.

En Proverbios, la palabra *sabiduría* se refiere a perspicacia para hacer algo. En otras palabras, tenemos la competencia y la confianza para enfrentar las realidades de la vida. La sabiduría de Dios no es algo teórico sino que es el sentido de saber cómo hacer determinadas cosas. Dios desea que sus principios sean comprendidos y aplicados a nuestra vida diaria.

No ha de sorprendernos entonces cuando Pablo se refiere a Jesús como «a quien Dios ha hecho nuestra sabiduría» (1 Corintios 1:30). Cristo es la demostración práctica de la sabiduría divina. Es la sabiduría de Dios con manos y pies.

«Todos los tesoros de la sabiduría y el conocimiento» están en Jesucristo (Colosenses 2:3). Veámoslo de la siguiente manera: Cuando Bear Bryant ingresa al campo de juego, lleva en su cabeza «todos los tesoros de la sabiduría y el conocimiento» acerca de estrategia futbolística que lo convirtieron en uno de los más grandes y exitosos entrenadores de la historia. Su sola presencia genera confianza en el equipo y entre sus asistentes. Ellos confían en su sabiduría futbolística.

La asombrosa realidad indica que los esposos que han recibido a Cristo en sus vidas en forma personal tienen «la mente de Cristo» (2 Corintios 2:16). Todos los tesoros de la mente de Cristo están ahora en el espíritu de la persona dentro de la que Él habita. La clave está en acceder a lo que ya tenemos para ponerlo en práctica.

¿Cuál es la forma de acceder a la mente de nuestro «entrenador» en nuestro matrimonio? Los mejores jugadores que jugaron en el equipo de Bryant se esforzaron por conocer y estar tan cerca de su líder como les fuera posible. Procuraban pensar como él e imaginaban lo que él haría ante determinadas situaciones. De la misma manera, cuanto más caminemos en intimidad con Cristo, tanto más nos apropiaremos de los tesoros de su sabiduría y conocimiento. Él mismo dice que debemos estar tan cerca suyo como la rama está unida a la vid (véase Juan 15). Jesús incluso proclama lo siguiente: «Si permanecen en mí y mis palabras permanecen en ustedes, pidan lo que quieran, y se les concederá» (Juan 15:7).

¡Qué promesa tan fabulosa! Si Jesús vive en nosotros y nosotros en Él, entonces sabremos lo que piensa y lo que quiere, entonces pediremos lo que Él desea. Oraremos en la perfecta voluntad de Dios y eso es lo que obtendremos.

La clave de un matrimonio que aplica la sabiduría del entrenador divino a su matrimonio es, en primer lugar, recibir a Cristo y luego, lograr una relación íntima con Él a través del estudio de la Palabra, de la oración y de la adoración. Cuanto más tengamos de esa sabiduría, más crecerá la relación matrimonial.

Jesús nos da también la inteligencia, algo esencial para lograr un equipo matrimonial ganador. Proverbios 24:3 dice que con la sabiduría se construye la casa pero que la «inteligencia» es para echar los cimientos. La *sabiduría* es la condición o el estado, mientras que la *inteligencia* es la puesta en práctica.

Cuando Jesús tenía doce años, acompañó a sus padres a Jerusalén donde conversó con los líderes del Templo que se «asombraban de su inteligencia y de sus respuestas» dice Lucas (2:47). El término griego que se traduce *inteligencia* proviene de una palabra que significa «unir mentalmente las cosas». Jesús tenía la facultad de ver el cuadro completo, de ver la manera en que todo encaja en su lugar. Si Él fuera un entrenador de fútbol que diagrama sus jugadas, estas funcionarían a la perfección en el campo de juego, ¡siempre!

Una de las comedias más exitosas de la televisión, *Frasier*, trata de dos hombres que son hermanos y psiquiatras. El humor se basa en que ambos son muy «sesudos» pero carecen de sentido común. Frasier puede citar a Freud pero se ha divorciado tres veces. Tanto él como su hermano, Niles, pueden cantar óperas de memoria, pero apenas si pueden comunicarse con la gente que los rodea. Pueden ver las cosas etéreas, pero se pierden los hechos más deslumbrantes.

Sin embargo, un equipo conformado por esposos que siguen a Jesucristo como el «entrenador» matrimonial obtendrán la inteligencia para resistir los tirones destructivos e inevitables en un mundo caído como el nuestro.

3. Los jugadores

Algunos entrenadores son mejores que otros en lograr que un jugador dé lo mejor de sí. Los entrenadores que triunfan no solamente buscan jugadores talentosos para su equipo sino que también hacen que estos desarrollen su máximo potencial. Incluso algunos entrenadores parecieran tener la habilidad de hallar excelentes cualidades en jugadores que nadie tiene en cuenta y logran convertirlos en estrellas.

Dios nos ha reclutado como jugadores para sus propósitos del Reino. Cuando permitimos que Jesucristo sea nuestro entrenador, Él puede tomar en sus manos nuestros simples talentos y comunes habilidades para hacer cosas extraordinarias. Si no tenemos a Cristo a nuestro lado, no podemos hacer nada. Sin embargo, con Cristo a nuestro lado, contamos con todo el talento necesario para lograr un buen equipo matrimonial.

No obstante, necesitamos de las charlas que da el entrenador para levantar el ánimo al igual que la necesitan muchos jugadores. Necesitamos escuchar que podemos lograrlo aunque seamos los menos dotados. Un buen entrenador jamás permite que su equipo piense como un equipo perdedor. Nunca permite que la expresión «no puedo» sea parte del vocabulario de sus jugadores. Tampoco nuestro Señor.

Solemos seguir el ejemplo de Moisés que formuló todo tipo de excusas cuando Dios le encargó que liberara al pueblo de Israel de la cautividad. Así como Moisés argumentó que quién era él para que Dios le encargara semejante tarea, nosotros solemos decir: «Lo he intentado todo en el matrimonio, ¿qué más puedo hacer?». Cuando Moisés afirma ser un mal orador, nosotros decimos: «Mi cónyuge y yo no tenemos un buen diálogo». Cuando Moisés afirma no tener la fuerza necesaria para la tarea, nosotros decimos: «No creo tener la energía emocional para intentar que este matrimonio siga adelante».

¿Cuál es la respuesta divina? *«Puedes* hacerlo, porque *yo* iré contigo». O, como lo relata el apóstol Pablo: «Todo lo puedo en Cristo que me fortalece» (Filipenses 4:13). Como tanto usted como su cónyuge han sido elegidos por Él, ambos cuentan con el talento necesario para ser un equipo ganador. En realidad, con el Señor que obra en nuestro interior y que hace todos los cambios y ajustes necesarios, ¡no hay nada que *no podamos* hacer!

4. Los intangibles

Así como cualquier equipo de fútbol ganador necesita desarrollar los intangibles, esas pequeñas cosas que los convierte en ganadores, lo mismo ocurre con todo matrimonio ganador. ¿Cuáles serán los intangibles que permitirán al matrimonio marcar una tradición ganadora? Comencemos por lo que me parece que es lo más importante:

El primer intangible es la *determinación de objetivos*. Una pareja tiene que establecer objetivos a corto y a largo plazo. Cuando les pregunto a algunas parejas acerca de sus objetivos para el matrimonio, escucho respuestas como la siguiente: «En este momento estamos enfrascados en la tarea de seguir adelante juntos». Como objetivo a corto plazo no está mal, pero para formar un equipo matrimonial ganador hace falta contar con objetivos a largo plazo.

Quizá el único objetivo indispensable a largo plazo en el matrimonio sea: llegar a ser la clase de amantes que se aman el uno al otro de la manera en que Dios los ha amado, hasta que la muerte los separe. Creo que esto suena como que es un amor irracional, incondicional y sobrenatural, un amor que da y vuelve a dar y siempre da un poco más. Algo menos que esto no basta.

El segundo intangible es el *compromiso*. Los equipos de fútbol conformados por un artífice brillante, un gran entrenador y jugadores talentosos no lograrán demasiado si no hay entrega, si no se comprometen a ganar. Lo mismo ocurre con nuestro matrimonio. Comprometerse significa ajustarse a lo programado aun en los años en que las cosas vayan mal. Comprometerse significa que uno siempre estará buscando mejores maneras de hacer las cosas. Comprometerse significa que uno desarrolla una visión para el futuro y uno persevera para ver esa visión convertida en realidad.

El compromiso requiere de perseverancia porque ningún programa ganador ostenta un récord invicto. No existe el equipo que jamás es vencido año tras año, década tras década. Nuestro equipo matrimonial necesita desarrollar el tipo de perseverancia que describe el escritor de Hebreos:

> Ustedes necesitan perseverar para que, después de haber cumplido la voluntad de Dios, reciban lo que él ha prometido. Pues dentro de muy poco tiempo, «el que ha de venir vendrá, y no tardará. Pero mi justo vivirá por la fe. Y si se vuelve atrás, no será de mi agrado». Pero nosotros no somos de los que se vuelven atrás y acaban por perderse, sino de los que tienen fe y preservan su vida (10:36-39).

¿Desea ser parte de un equipo matrimonial ganador? Entonces tiene que tomar el compromiso que lleva a la perseverancia.

El tercer intangible es la *disciplina*. Para lograr un equipo matrimonial ganador hace falta disciplina. Pablo dijo que para correr la carrera de la vida vivía con mucha disciplina y trataba de dominarse (1 Corintios 9:27, BLS). La idea que subyace tras el término griego que emplea Pablo es la de controlar o someter sus pasiones. Si uno se entrena, se disciplina, y entonces llega a dominarse.

En el matrimonio es importante que la disciplina gobierne las decisiones de la pareja, la crianza y educación de los hijos, la planificación y la administración del presupuesto familiar, la resolución de conflictos y demás aspectos. De esa manera, los hijos de ese matrimonio aprenderán acerca de la importancia del dominio propio a través del ejemplo de sus padres.

El cuarto intangible es la *unidad*. Eclesiastés apunta al valor práctico de la unidad. Lea una vez más Eclesiastés 4:9-11 y observe el beneficio de trabajar en forma conjunta.

En primer lugar, un matrimonio que trabaja unido obtiene «más fruto de su esfuerzo» (v. 9). Eso significa que obtienen una mayor compensación. Los esposos que actúan como una unidad en la toma de decisiones obtienen una mejor retribución en término de decisiones sólidas y bien consideradas.

En segundo lugar, un matrimonio que trabaja unido disfruta del aliento y apoyo mutuo. Si uno cae, el otro está allí para levantarlo. Si el esposo comienza a perder la confianza en sí mismo, la esposa que mantiene una relación de unión con el marido, será sensible a la situación del esposo y le dará todo su apoyo y aliento. Si la esposa se siente fracasada, su «compañero de equipo» la tranquilizará al respecto y la confortará. Unos esposos que están unidos, están siempre apoyándose y animándose el uno al otro.

En tercer lugar, en un matrimonio que se caracteriza por la unidad, los cónyuges «entrarán en calor». En hebreo el término «calor» significa entre otras cosas, «encender». Esto es algo que va mucho más allá del calor físico. Un matrimonio unido se brinda pasión, entusiasmo y apoyo mutuo. Ambos cónyuges procuran hallar la oportunidad de palmear al otro en la espalda y reconocer los logros y los éxitos.

Según el versículo 12 hay un cuarto beneficio para el matrimonio que es unido: la fortaleza. «Uno solo puede ser vencido, pero dos pueden resistir. ¡La cuerda de tres hilos no se rompe fácilmente!» Las presiones del mundo exterior tiran de los esposos y amenazan con separarlos. El dinero, el empleo, las tentaciones, la división de papeles y las expectativas son solo parte de esta fuerza que intenta separar a esta unidad matrimonial. Hace falta un poder sobrenatural que esté por encima de la pareja que ejerza una fuerza magnética incapaz de ser vencida.

Esto es lo que sucede cuando una pareja coloca a Dios en el centro de su relación. Su divina fortaleza en el centro de la relación es tan grande que el matrimonio no se puede separar cualquiera sea la presión que reciba.

5. El apoyo de los fanáticos

Este es un intangible tan necesario en el buen equipo matrimonial como lo es en un equipo deportivo. En el matrimonio, este aliento proviene de los familiares, de los amigos, de los hijos, de los compañeros de trabajo y de la familia de la iglesia.

Hebreos 12 describe a «una multitud tan grande de testigos» que alienta a los hijos de Dios en su «carrera» por este mundo caído (v. 1). Estos testigos nos alientan a que nos despojemos del lastre que nos impide ganar la carrera y correr con perseverancia. Del mismo modo, en el matrimonio, los «fanáticos» pueden alentar a los esposos en su relación ganadora. Eso quiere decir que es importante que la pareja cuente con amigos que les den esa clase de apoyo positivo.

Cuando estuve en París recuerdo haber contemplado la majestuosa catedral de *Notre Dame*. La estructura recibe el soporte exterior de sus famosos «arcos». Estos fabulosos pilares de piedra proveen de una fuerza externa que impide que la catedral se venga abajo. Del mismo modo, en el matrimonio, el apoyo externo intensifica la unidad interior.

Esto nos conduce una vez más a Priscila y Aquila y su sólido matrimonio. Ellos recibían el apoyo externo del apóstol Pablo y de los cristianos que se reunían en su casa. Ya sea que estuvieran en Corinto, en Éfeso o en Roma, recibían el apoyo y el aliento como personas y como pareja a través de la comunión con los seguidores de Jesús.

Los matrimonios de nuestros días también necesitan contar con un grupo de fanáticos de este tipo para poder lograr un equipo matrimonial ganador. Necesitan de los maestros que enseñan la Palabra de Dios así como de los hermanos que también brindan su aliento. El matrimonio recibe todo este apoyo a través de las reuniones semanales de la iglesia, de los grupos pequeños, las clases y otros elementos de una iglesia floreciente.

EL PAPEL DE LA DETERMINACIÓN Y EL COMPROMISO

Todo el apoyo del mundo no significará nada sin una determinación firme y un compromiso vehemente por parte de los esposos de llevar adelante un equipo matrimonial ganador.

Kathleen Kauth atravesó el vestíbulo del hotel en Portland, Oregón, al tiempo que miraba de reojo una imagen que proyectaba el televisor. Sintió un escalofrío correr por su espalda. Acababa de aterrizar en una escala luego de un extenuante viaje desde China donde había jugado con el equipo estadounidense de hockey femenino.

Era el 11 de septiembre de 2001.

Kathleen no podía apartar la vista de las horrorosas escenas en la pantalla donde se apreciaban las torres del *World Trade Center* en Nueva York completamente envueltas en llamas. Lo que paralizó su corazón fue que su padre, Donald, trabajaba como analista bancario en una de las torres. Ella estuvo esperando todo el día el llamado de su padre. Nunca se produjo. Él había muerto en el atentado.

Apenas quince días después de haber perdido a su padre, Kathleen sirvió de inspiración a su equipo por su compromiso. Estaba de nuevo en el hielo, decidida a ganar un lugar en el equipo olímpico de los Estados Unidos. «Eso es lo que mi padre hubiera querido» dijo a sus compañeras y todas estuvieron de acuerdo.

«Creo que ese fue el primer paso para unir al equipo», afirmó Krissy Wendell. «Ha servido para unirnos mucho más».

«Nos necesitamos la una a la otra y tenemos que ser fuertes por las demás», afirmó otra integrante del equipo. «Nos necesitamos más que nunca»[3].

El ejemplo de Kathleen revela un círculo dinámico. Su pasión dio como resultado un compromiso personal que demostró en su determinación lo que a su vez inspiró la pasión, el compromiso y la determinación en sus compañeras de equipo. Cualquier equipo podrá tener el mejor entrenador, las mejores estrategias y el grupo de fanáticos más entusiastas. Sin embargo, sin pasión, sin compromiso y sin determinación ese equipo perderá.

TRABAJO CONJUNTO PARA LA VICTORIA

Son pocos los que pueden discutir que Vince Lombardi, famoso entrenador de fútbol de los *Green Bay Packers*, marcó el rumbo que deben seguir los equipos campeones mundiales. El codiciado trofeo *Super Bowl* lleva su nombre. No hay dudas de que Lombardi sabía cómo ganar. En cierta oportunidad declaró lo siguiente: «Lo único que tienen los *Green Bay Packers* es el trabajo en equipo. No lo hacen por la gloria personal, sino que lo hacen porque se aprecian el uno al otro»[4]. Ese entrenador que pertenece al salón de la fama sabía que ganar es una cuestión de «equipo».

Creo que Priscila y Aquila habrían coincidido con la opinión de Lombardi acerca del trabajo en equipo. Pienso que hubieran esbozado una sonrisa si le hubieran escuchado afirmar: «La gente que trabaja en equipo, gana. Ya sea contra potentes defensores dentro de una cancha o contra los problemas de la sociedad moderna»[5]. Estoy seguro de que hubieran asentido, se hubieran tomado de la mano y mirándose a los ojos hubieran replicado al unísono: «Es cierto, entrenador. Como también es cierto en el matrimonio».

¿Desea triunfar en el matrimonio? Dios creó al matrimonio para que fuera un equipo ganador. Si aplica con sabiduría los principios divinos para tener éxito en su matrimonio, entonces podrá ser de bendición. Y no será solo de bendición dentro de su pareja sino también para todos los que lo rodean.

Tal y como lo fueron Priscila y Aquila.

REFLEXIONE SOBRE SUS RELACIONES

1. Si compara su matrimonio con un equipo universitario de fútbol, ¿qué lugar ocuparía en la tabla de posiciones?

- Estamos entre los cinco mejores, luchando por la punta.
- Estamos entre los diez mejores. Perdemos de vez en cuando, pero igualmente somos un equipo ganador.
- A veces ganamos, a veces perdemos, pero podemos mejorar.
- Perdemos más de lo que ganamos. No le hacemos caso a las indicaciones del entrenador en la cotidianeidad de nuestro matrimonio.

2. ¿En qué aspectos necesita su cónyuge más entrenamiento o ayuda? ¿Y usted?

3. ¿De qué maneras los alientan en el matrimonio sus familiares y amigos?

4. ¿Cuál es la mayor habilidad o en qué se destaca su equipo matrimonial?

UN COMENTARIO FINAL

ien, espero haber cumplido con los dos objetivos de este libro. Uno era *convencerlo* de que puede tener un matrimonio formidable y el otro era *desafiarlo* a hacer todo lo necesario para que pueda lograrlo.

Al intentar traer a la mente un matrimonio que represente esta sumatoria de amor, diversión, afecto y compromiso que resulta de la puesta en práctica de estos diez principios matrimoniales, recordé una historia que escuché hace años. Se trata de una pareja a la que llamaré Alberto y Sara.

Tenían cincuenta años de casados. Alberto y Sara estaban tan enamorados que en todo momento se acariciaban, reían juntos, se hacían bromas y jugaban. Desde que comenzó su relación se entretenían con un extraño juego que nadie comprendía. Escribían una corta palabra en un trozo de papel que escondían en algún lugar de la casa. La palabra era: «MCTA».

En ocasiones, cuando Sara abría el tarro del azúcar, allí estaba: MCTA. Quizás Alberto salía de la ducha y en el espejo empañado se leía: MCTA. Una vez, Sara desenrolló el papel higiénico para escribir en la última porción: MCTA.

Fue un juego que jugaron toda la vida de casados. Los hijos sabían del juego, pero nadie sabía lo que MCTA significaba. ¡Incluso hasta les costaba pronunciarlo!

A poco de haber cumplido los 52 años de casados, el médico le diagnosticó cáncer a Sara. Ella luchó contra la enfermedad durante casi diez años. Todo el mundo se maravillaba al ver esta pareja que permanecía unida pese a todo. Mientras tanto, continuaron con su juego MCTA. Un día, Sara murió.

El entierro fue una excelente ocasión para recordar su vida maravillosa, pero estaba teñido de tristeza. Los hijos, los nietos y hasta los bisnietos observaron cómo Alberto se despedía de su amada esposa, su amante compañera de equipo durante más de sesenta años.

El silencio reinaba de camino al cementerio. Cuando llegaron al lado de la tumba, todos vieron el enorme moño rosado sobre el cajón. Allí, con enormes letras decía: MCTA. Todos observaron cuando él se acercó al cajón y con una voz suave y profunda comenzó a cantarle. Toda la familia se tomó de las manos y comenzó a llorar.

La mayoría se retiró un poco para que él pudiera estar un momento a solas. Sin embargo, una de las nietas adolescentes permaneció tras él. Se acercó aun más y tocó su mano con suavidad.

—Abuelo —le dijo— dime... ¿qué significa MCTA?

Alberto la miró a los ojos y con una tierna sonrisa respondió:

—MCTA significa: «Mira Cuánto Te Amo».

¿Cuánto debemos amar a nuestro cónyuge? Tanto como Cristo ama a la iglesia. Recordemos y pongamos en práctica lo que nos ordena hacer Efesios 5:25-27: «Esposos, amen a sus esposas, así como Cristo amó a la iglesia y se entregó por ella para hacerla santa. Él la purificó, lavándola con agua mediante la palabra, para presentársela a sí mismo como una iglesia radiante, sin mancha ni arruga ni ninguna otra imperfección, sino santa e intachable».

NOTAS

Mandamiento 1: No seas un ocrdo egoísta

1. Williard F. Harley Jr., «How the Co-dependency Movement Is Ruining Marriages», artículo de Internet en http://www.marriagebuilders.com/ graphic/mbi8110_cod.html. Se accedió el 5 de diciembre de 2002.

2. *The 365 Stupidest Things Ever Said calendar*, martes 24 de octubre de 2000. Workman Publishing.

3. John Piper, *Desiring God*, 10mo. Aniversario ed , Sisters, Oreg.: Multnomah, 1996, 187.

Mandamiento 2: Cortarás el cordón umbilical

1. Génesis 2:24; Mateo 19:5; Marcos 10:7-8; 1 Corintios 6:16, Efesios 5:31.

2. Amy Dickinson, «Take a Pass on the Postnup», *Time*, 23 de julio de 2001, 73.

Mandamiento 3: Mantendrás una comunicación fluida

1. Eileen Silva Kindig, «Squeezed for Time?», *Marriage Partnership*, verano 1998, 42.

2. Stephen Seplow y Jonathan Storm, «Remote Control: 50 Years of TV Time», *Philadelphia Inquirer*, 30 de noviembre de 1997, B6.

3. «A.C.M.E. History and Basic Principles», según figura en el sitio de Internet http://www.bettermarriages.org/publications/history.html. Se accedió el 31 de enero de 2003.

4. Por ejemplo, John Powell cita cinco niveles de la comunicación entre dos personas. Ver su trabajo citado en Jack y Carole Mayhall, *Marriage Takes More than*, Colorado Springs: NavPress, 1978, 88.

5. Adaptado de Patricia McGerr, «Johnny Lingo's Eight-Cow Wife», *Reader's Digest*, Febrero 1988, 138-41. Originalmente publicado en *Woman's Day*, noviembre 1965.

6. Ibíd., 141.

Mandamiento 4: Harás que el conflicto sea tu aliado

1. Loren Stein, «Building Bliss» en http://blueprintforhealth.com/topic/brmarriage. Se accedió el 31 de enero de 2003. Stein reseña lo citado en John Gottman, *Seven Principles to Making Marriage Work*, New York: Three Rivers Press, 2000.

Mandamiento 5: No te endeudarás

1. Russel D. Crossan, disertación en la conferencia de médicos de Enfoque a la Familia, noviembre de 1998, Clearwater, Florida.

2. «J. Paul Getty Dead at 83», *New York Times*, 6 de junio de 1976.

3. Ver George M. Bowman, *How to Succeed with Your Money* (Chicago: Moody, 1960); y George Fooshee, *You Can Be Financially Free*, Old Tappan, N. J.: Revell, 1976.

4. James Patterson y Peter Kim, *The Day America Told the Truth*, New York: Prentice Hall, 1991, 66.

5. Ed Young, *Fatal Distractions*, Nashville: Thomas Nelson, 2000.

6. Lucas 19:9.

Mandamiento 6: Huirás de la tentación (Internet y otras)

1. El relato de David y Betsabé y las consecuencias se encuentra en 2 Samuel 11-12.

2. Esta historia se halla en Génesis 39.

3. «Forecast 2000», informe de la organización Gallup, Princeton, N. J.; según figura en William J. Bennett, *Index of Leading Cultural Indicators*, Washington: Empower America, 2001, 56.

4. Ibíd., 59.

5. Ibíd., 54.

6. Lisa Beamer, «It's the Day's Very Darkness That Lights Our Path», *Houston Chronicle*, 10 de marzo de 2002, 3c-5c.

7. Escuché la historia de Luis hace varios años y no recuerdo la fuente.

NOTAS

Mandamiento 8: Mantendrás la llama de tu hogar siempre encendida

1. Robert Browning, «Rabbi Ben Ezra», *Dramatis Personae,* London: Chapman & Hall 1864.

2. Annette P. Bowen, *Enfoque a la Familia,* febrero de 1989, 8.

3. Kay Kuzma, «Celebrating marriage», *Family Life Today,* mayo-junio 1986, 14.

4. Bill y Nancie Carmichael y Dr. Timothy Boyd, «Paving the Way to Intimacy», *Virtue,* marzo/abril 1988, 16.

5. Kenneth S. Kantzer, «The Freedom of Jealousy», *Christianity Today,* 21 de octubre de 1988, 11.

6. Nathaniel Branden, «Advice That Could Save Your Marriage», *Reader's Digest,* octubre de 1985, 27.

7. Elizabeth Cody Newenhuyse, «Train Up a... Spouse?», *Today's Christian Woman,* Marzo/abril 1989, 32.

Mandamiento 9: Volverás a empezar una y otra vez

1. T. L. Haines y L. W. Yaggy, *The Royal Path of Life,* Philadelphia: Eastern Publishing, 1880.

2. Adaptado de David Ferguson y Don McMinn, *Top 10 Intimacy Needs,* libro publicado por Intimacy Press para el centro de la intimidad matrimonial y familiar, Austin, Texas, págs. 23-35.

3. Véase 2 Corintios 5:17.

4. «The Hug», fuente desconocida.

Mandamiento 10: Constituirás un equipo

1. Francis Fukuyama, *Trust: The Social Virtues and the Creation of Prosperity* (New York: Simon & Schuster, 1995), 5.

2. Según cita en William Bennett, *Index of Leading Cultural Indicators* (Washington: Empower America, 2001), 55.

3. Damian Cristodero, «Determination After Tragedy Bonds Team», *St. Petersburg Times,* 21 de octubre de 2001, 7C.

4. Según citado en Internet en http://www.vincenlombardi.com/quotes/teamwork.html. Se accedió el 17 de enero de 2003.

5. Ibíd.